汽车维修工

等级考试解析：中级理论

许 星　王文斌　主编

化学工业出版社

·北京·

本书针对汽车维修工中级理论考试编写，列出了大量的练习题，并对重点和难点进行了解析。全书分为汽车发动机试题精选、汽车底盘试题精选、汽车空调试题精选、汽车电气试题精选、新能源汽车试题精选、汽车检测与维护试题精选、工具和测量知识试题精选、职业道德试题精选、企业管理试题精选和其他试题精选 10 个部分，题型为单项选择题和判断题。

本书可供广大汽车行业从业者和职业院校学生考证学习使用，也可作为相关行业的培训用书。

图书在版编目（CIP）数据

汽车维修工等级考试解析：中级理论/许星，王文斌主编．—北京：化学工业出版社，2019.10
ISBN 978-7-122-35029-9

Ⅰ.①汽… Ⅱ.①许…②王… Ⅲ.①汽车-车辆修理-等级考试-题解 Ⅳ.①U472.4-44

中国版本图书馆 CIP 数据核字（2019）第 171250 号

责任编辑：韩庆利

责任校对：刘　颖　　　　　　　　　　装帧设计：张　辉

出版发行：化学工业出版社（北京市东城区青年湖南街 13 号　邮政编码 100011）
印　　刷：北京京华铭诚工贸有限公司
装　　订：三河市振勇装订有限公司
880mm×1230mm　1/32　印张 7½　字数 229 千字
2020 年 1 月北京第 1 版第 1 次印刷

购书咨询：010-64518888　　售后服务：010-64518899
网　　址：http://www.cip.com.cn
凡购买本书，如有缺损质量问题，本社销售中心负责调换。

定　　价：29.00 元

前言

随着国家对职业资格证书的精简，汽车维修工（中级）作为汽车维修专业为数不多的职业资格证书被保留下来，有些学校甚至把该证书作为学生必考项目。

现代汽车（特别是轿车）的结构、原理和控制策略变得越来越复杂，其技术含量越来越高。因此，汽车维修工（中级）的理论试题更新很快。为了使考试人员能在现有专业知识的基础上，有针对性地复习关于汽车理论方面的知识和技能，特在以往历年考级试题的基础上，整理编写了本书。书中根据实际需要，按照汽车发动机、底盘、空调、电气、新能源汽车、汽车检测与维护、工具和测量知识、职业道德、企业管理和其他10个部分分类编排，并对重点难点进行了解析，习题答案紧随题后，方便读者学习对照。书中带※号的是重点复习的试题。

本书可作为汽车专业的学生和一线汽车维修技术人员考级学习用书，也可供相关人员参考。

本书由许星、王文斌主编，李兴旺参编。

由于编者水平所限，不足之处在所难免，请读者提出宝贵意见。

编　者

目录

第**1**章

汽车发动机试题精选

1.1 汽油发动机机械系统

1.1.1 单项选择题

※1. （　　）安装在发动机机油泵进油口的前端。

A. 机油集滤器
B. 机油细滤器
C. 机油粗滤器
D. 机油散热器

参考答案： A

> **解题思路：** 发动机机油在进入机油泵前必须经过机油集滤器把机油中的杂质过滤掉，防止脏的机油破坏油膜而加速发动机运动件之间的磨损。

2. 桑塔纳 2000GLI 型轿车 AFE 型发动机的机油泵主动轴弯曲度超过（　　）mm，则应对其进行校正或更换。

A. 0.10
B. 0.20
C. 0.05
D. 0.30

参考答案： D

※3. （　　）的作用是保证气门做往复运动时，使气门与气门座正确闭合。

A. 气门弹簧   B. 气门座

C. 气门导管   D. 气门

参考答案： C

> **解题思路：** 发动机配气机构中的气门打开是靠凸轮轴上的凸轮，而气门的关闭是靠气门弹簧。在气门打开和关闭的过程中，为了防止气门在运动中产生偏磨使气门关闭不严，必须增加气门导管。

4. 德国的奔驰轿车采用下列（   ）项方法调整气门间隙。

A. 两次调整法   B. 逐缸调整法

C. 垫片调整法   D. 不用调整

参考答案： C

> **解题思路：** 本题考查考生对奔驰车气门间隙调整方法的认知，奔驰车利用挺柱上垫片的厚度来调整气门间隙。

5. 利用量缸表可以测量发动机气缸、曲轴轴承的圆度和圆柱度，其测量精度为（   ）。

A. 0.05mm   B. 0.02mm

C. 0.01mm   D. 0.005mm

参考答案： C

> **解题思路：** 本题考查考生对量缸表相关知识的认知，其实就是考查考生对量缸表中百分表精度的问题，百分表的精度是0.01mm。

※6. （   ）的作用是建立足够的机油压力。

A. 机油泵   B. 机油滤清器

C. 限压阀   D. 机油压力感应塞

参考答案： A

> **解题思路：** 发动机中的机油压力是靠机油泵来建立的，机油泵的作用是使机油在发动机中循环流动，使发动机各运动件之间形成油膜，减少运动件之间的磨损。

7. 发动机过热的原因是（   ）。

A. 冷却液不足   B. 节温器未装或失效

C. 水温表或传感器有故障   D. 百叶窗卡死在全开位置

参考答案：A

※8.（　　）的作用是将从凸轮轴经过挺柱传来的推力传给摇臂。

A. 推杆
B. 凸轮轴
C. 正时齿轮
D. 气门导管

参考答案：A

解题思路：对于老式的发动机，配气机构中采用中置凸轮轴的形式，凸轮轴通过挺柱和推杆，把动力传递给摇臂。而现代的发动机采用顶置凸轮轴的形式，中间已经取消推杆和摇臂等零件。

9. 发动机活塞环侧隙检查可用（　　）。

A. 百分表
B. 卡尺
C. 塞尺
D. 千分尺

参考答案：C

※10.（　　）的作用是将活塞的直线往复运动转变为曲轴的旋转运动并输出动力。

A. 配气机构
B. 曲柄连杆机构
C. 启动系
D. 点火系

参考答案：B

解题思路：发动机的作用就是通过曲柄连杆机构把汽油燃烧后的化学能转化为机械能，由曲轴通过前端附件皮带驱动发动机附件和由曲轴后端通过传动系驱动车轮。

11. 若发动机机油油耗超标，则检查（　　）。

A. 机油黏度是否符合要求
B. 润滑油道堵塞
C. 气门与气门导管的间隙
D. 油底壳油量是否不足

参考答案：C

※12.（　　）的作用是将杂质从机油中清除。

A. 机油集滤器
B. 机油细滤器
C. 机油粗滤器
D. 机油滤清器

参考答案：D

解题思路：机油滤清器分为粗滤器（集滤器）和细滤器（滤清器），结合本题意境，应该选择机油滤清器。

13. 奥迪 A6 发动机曲轴径向间隙可用（   ）进行检测。

A. 百分表 　　　　　　　　　B. 千分尺

C 游标卡尺 　　　　　　　　 D. 塑料塞尺

参考答案：D

14. 缸体裂纹，应该（   ）。

A. 更换新件 　　　　　　　　B. 修复

C. 继续使用 　　　　　　　　D. 以上均正确

参考答案：A

※15.（   ）的作用是使发动机冷却水强制循环。

A. 水泵 　　　　　　　　　　B. 风扇

C. 节温器 　　　　　　　　　D. 水温感应塞

参考答案：A

> **解题思路**：发动机冷却系中能使冷却水循环的一定是水泵。汽车中各种泵的作用就是使流体（包括气体和液体）循环流动。

16. 拧紧 AJR 型发动机气缸盖螺栓时，第二次拧紧力矩为（   ）N·m。

A. 40 　　　　　　　　　　　B. 50

C. 60 　　　　　　　　　　　D. 75

参考答案：C

※17.（   ）燃烧室结构紧凑，热损失少，热效率较高。

A. 统一式 　　　　　　　　　B. 分开式

C. 涡流室式 　　　　　　　　D. 预燃室式

参考答案：A

> **解题思路**：本题考查考生对发动机燃烧室的相关知识。由于统一式的燃烧室结构紧凑，所以热损失相对较少。而分开式的燃烧室从字面上看没有统一式的燃烧室结构紧凑，所以应该选择 A。

18. 发动机的缸体曲轴箱组包括气缸体、下曲轴箱、（   ）、气缸盖和气缸垫等。

A. 上曲轴箱 　　　　　　　　B. 活塞

C. 连杆 　　　　　　　　　　D. 曲轴

参考答案：A

19. 主要是在发动机进气口、排气口和运转中的风扇处的响声属于
（　　）异响。

A. 机械　　　　　　　　　　　　B. 燃烧

C. 空气动力　　　　　　　　　　D. 电磁

参考答案：C

20. 下列属于发动机曲轴主轴承响的原因是（　　）。

A. 连杆轴承盖的连接螺纹松动　　B. 曲轴弯曲

C. 气缸压力低　　　　　　　　　D. 气缸压力高

参考答案：B

※21. （　　）是燃烧室的组成部分，是气体进、出燃烧室通道的
开关。

A. 进气门　　　　　　　　　　　B. 排气门

C. 气门　　　　　　　　　　　　D. 缸盖

参考答案：C

解题思路：本题考查考生对燃烧室的结构认知，题目后半句说是气
体进、出燃烧室通道的开关，从而可以推测是指气门。

22. 润滑脂的使用性能主要有稠度、低温性能、高温性能和
（　　）等。

A. 抗水性　　　　　　　　　　　B. 中温

C. 高温　　　　　　　　　　　　D. 油脂

参考答案：A

※23. 安装好凸轮轴后，应使两轴轴向间隙不大于（　　）mm。

A. 0.6　　　　　　　　　　　　B. 0.7

C. 0.65　　　　　　　　　　　　D. 0.5

参考答案：B

24. 发动机连杆的修理技术标准为连杆在 100mm 长度上弯曲值应
不大于（　　）mm。

A. 0.01　　　　　　　　　　　　B. 0.03

C. 0.5　　　　　　　　　　　　D. 0.8

参考答案：B

※25. 安装正时皮带或正时链条及导链板，调整（　　）张紧轮或

正时链条导链板张紧器到规定的程度。

  A. 正时齿轮   B. 发电机皮带

  C. 正时皮带   D. 水泵皮带

  参考答案：C

> **解题思路**：本题考查考生对正时皮带知识的认知，调整张紧器是用正时皮带，所以选择 C。

26. 发动机气缸的修复方法可用（ ）。

  A. 电镀   B. 喷涂

  C. 修理尺寸法   D. 铰削法

  参考答案：C

※27. 安装正时皮带或正时链条及导链板，调整正时皮带（ ）或正时链条导链板张紧到规定的程度。

  A. 正时齿轮   B. 张紧轮

  C. 惰轮   D. 皮带轮

  参考答案：B

28. 使用发动机废气分析仪之前，应先接通电源，预热（ ）min以上。

  A. 20   B. 30

  C. 40   D. 60

  参考答案：B

※29. 按机构特点和运动形式，曲轴连杆机构包括缸体曲轴箱、活塞连杆组和（ ）。

  A. 曲轴组   B. 飞轮组

  C. 曲柄组   D. 曲轴飞轮组

  参考答案：D

> **解题思路**：汽油机曲柄连杆机构包括缸体曲轴箱、活塞连杆组和曲轴飞轮组三部分。

※30. 汽油机按每缸气门数分，可分为（ ）、三气门、四气门、五气门。

  A. 一气门   B. 两气门

  C. 单气门   D. 多气门

参考答案： B

解题思路：汽油机按照每个气缸气门数的不同分为两气门（一个进气门和一个排气门）、三气门（两个进气门和一个排气门）、四气门（两个进气门和两个排气门）、五气门（三个进气门和两个排气门）。

31. 使用 FLUKE98 型汽车示波器测试有分电器点火系统初级电压波形时，菜单应选择（　　）。

A. MENU→IGNITION→DWELL

B. MENU→IGNITION→ADVANCE

C. MENU→IGNITION→SECONDARY

D. MENU→IGNITION→PRIMARY

参考答案： D

32. 通过尾气分析仪测量，如果是 HC 化合物超标，首先应该检查（　　）是否工作正常，若不正常应予修理或更换。

A. 排气管　　　　　　　　　　B. 氧传感器

C. 三元催化转化器　　　　　　D. EGR 阀

参考答案： C

※33. 按时更换发动机冷却液，（　　）应每 6 个月更换一次。

A. 长效防锈防冻液　　　　　　B. 水

C. 普通冷却液　　　　　　　　D. 甘油型冷却液

参考答案： C

解题思路：汽油机普通冷却液的更换周期为 6 个月，而长效冷却更换周期为两年甚至更长时间。

34. 发动机活塞销异响是一种（　　）的响声。

A. 有节奏　　　　　　　　　　B. 浑浊的有节奏

C. 钝哑节奏　　　　　　　　　D. 有节奏的"嗒嗒"

参考答案： B

※35. 按照曲轴与凸轮轴的传动方式分类，可分为（　　）、链条式和正时皮带式。

A. 齿轮式　　　　　　　　　　B. 齿条式

C. 绳索式　　　　　　　　　　D. 铰链式

参考答案： A

> **解题思路：** 发动机曲轴和凸轮轴之间是通过齿轮（老款）、链条（新款）和皮带（新款）连接的。

36. 凸轮轴是用来控制各气缸进、排气门（　　）时间的。

　　A. 开闭时刻和开启持续　　　　　　B. 压缩

　　C. 点火　　　　　　　　　　　　　D. 做功

　　参考答案： A

※37. 按照凸轮轴的布置形式分类，可分为上置凸轮轴、（　　）、下置凸轮轴式。

　　A. 侧置凸轮轴　　　　　　　　　　B. 中置凸轮轴

　　C. 顶置凸轮轴　　　　　　　　　　D. 中置气门式

　　参考答案： B

> **解题思路：** 发动机凸轮轴在发动机上的位置有上置、中置和下置，现代的发动机大部分采用上置式。

38. 发动机活塞敲缸异响发出的声音是（　　）声。

　　A. "铛铛"　　　　　　　　　　　　B. "啪啪"

　　C. "嗒嗒"　　　　　　　　　　　　D. "噗噗"

　　参考答案： C

39. 发动机气门间隙过大，使气门脚发出异响，可用（　　）进行辅助判断。

　　A. 塞尺　　　　　　　　　　　　　B. 撬棍

　　C. 扳手　　　　　　　　　　　　　D. 卡尺

　　参考答案： A

40. 汽油机点火过早异响的现象是（　　）。

　　A. 发动机温度变化时响声不变化

　　B. 单缸断火响声不减弱

　　C. 发动机温度越高、负荷越大，响声越强烈

　　D. 变化不明显

　　参考答案： C

※41. 补冷却液时，一定要等待发动机（　　）后再打开加水盖，以防止缸体变形或爆裂。

　　A. 加速　　　　　　　　　　　　　B. 制动

C. 冷却　　　　　　　　　　　D. 润滑

参考答案：C

> **解题思路**：更换和补充发动机冷却液的时候，必须要等冷却液冷却下来以后再更换，防止滚烫的冷却液烫伤人。

42. 活塞环拆装钳是一种专门用于拆装（　　）的工具。

A. 活塞环　　　　　　　　　　B. 活塞销

C. 顶置式气门弹簧　　　　　　D. 轮胎螺母

参考答案：A

43. 机械提前式点火系二次电压过高，其故障原因是（　　）。

A. 火花塞间隙过大或电极烧坏　B. 火花塞脏污

C. 火花塞间隙过小　　　　　　D. 分电器盖上有积碳

参考答案：A

> **解题思路**：本题考查考生对点火电压过高故障的认知，如果火花塞间隙过大，会导致点火电压过高，导致点火波形上的燃烧线变短。

※44. 不属于气缸体裂纹的主要原因是（　　）。

A. 车辆在严寒季节，停车后没有及时放掉发动机和水箱的水

B. 发动机过热时，突然添加水

C. 气缸铸造时残余应力的影响及汽缸盖在生产中壁厚过薄，强度不足

D. 气缸体螺栓拧紧力矩过大

参考答案：D

> **解题思路**：本题中气缸体螺栓拧紧力矩过大，可能会导致螺栓折断，而不会引起气缸体裂纹，所以选择 D。

45. 发动机过热的原因是（　　）。

A. 百叶窗卡死在全开位置　　　B. 节温器未装或失效

C. 水温表或传感器有故障　　　D. 喷油或点火时间过迟

参考答案：D

> **解题思路**：本题考查考生对发动机水温高故障的认知，一般而言，点火时间过早会导致爆震，而点火时间过晚会导致水温高于正常值。

46. 发动机节温器失效，会造成（　　）。
    A. 冷气不足　　　　　　　　B. 暖气不足
    C. 不制冷　　　　　　　　　D. 过热
    参考答案：B

※47. 侧隙又称边隙，是指活塞环装入活塞后，其侧面与活塞环槽之间的间隙。第一环因工作温度高，间隙较大，一般为（　　），其他环一般为 0.03～0.07mm。
    A. 0.15～0.50mm　　　　　　B. 0.35～0.50mm
    C. 0.25～0.50mm　　　　　　D. 0.04～0.10mm
    参考答案：D

解题思路：本题考查考生对发动机活塞环三个间隙的认知，三个间隙包括端隙、侧隙和背隙，侧隙是指活塞环侧面和活塞环槽侧面的间隙。

48. （　　）是汽车发动机不能启动的主要原因。
    A. 油路不过油　　　　　　　B. 混合气过稀或过浓
    C. 点火过迟　　　　　　　　D. 点火过早
    参考答案：A

49. 如果是发动机完全不能启动，并且毫无着火迹象，一般是由于燃油没有喷射引起的，需要检查（　　）。
    A. 转速信号系统　　　　　　B. 火花塞
    C. 启动机　　　　　　　　　D. 点火线圈
    参考答案：A

解题思路：如果发动机电脑没有收到转速信号，那么电脑是不会指令喷油器喷油的。

50. 发动机加速发闷，转速不易提高的原因是（　　）。
    A. 火花塞间隙不符合标准　　B. 少数缸不工作
    C. 空气滤清器堵塞　　　　　D. 排气系统阻塞
    参考答案：D

解题思路：本题故障现象是发动机排气不畅引起的。

51. 发动机机油油耗超标的原因是（　　）。

A. 机油黏度过大　　　　　　　　　B. 润滑油道堵塞

C. 润滑油漏损　　　　　　　　　　D. 机油压力表或传感器有故障

参考答案：C

解题思路：本题是关于机油消耗大的问题。由于机油有泄漏，所以导致机油消耗大。

※52. 测量发动机气缸磨损程度时，为准确起见，应不同的位置和方向共测出至少（　　）个值。

A. 2　　　　　　　　　　　　　　B. 4

C. 6　　　　　　　　　　　　　　D. 8

参考答案：C

解题思路：测量发动机气缸磨损时，应该选择上、中、下三个位置，6个测量点进行测量，计算圆度和圆柱度，最后确定气缸的磨损程度。

53. 热水开关关不死会造成（　　）。

A. 制冷剂泄漏　　　　　　　　　　B. 冷却水泄漏

C. 冷却油泄漏　　　　　　　　　　D. 以上均有可能

参考答案：B

54. 发动机曲轴冷压校正后，再进行时效热处理，其加热后保温时间是（　　）h。

A. 0.5～1　　　　　　　　　　　　B. 1～2

C. 2～3　　　　　　　　　　　　　D. 2～4

参考答案：A

55. 校正发动机曲轴弯曲常采用冷压校正法，校正后还应进行（　　）。

A. 时效处理　　　　　　　　　　　B. 淬火处理

C. 正火处理　　　　　　　　　　　D. 表面热处理

参考答案：A

56. 凸轮轴轴向间隙的允许极限为（　　）mm。

A. 0.10　　　　　　　　　　　　　B. 0.15

C. 0.025　　　　　　　　　　　　D. 0.015

参考答案：B

※57. 常温时，蜡式节温器石蜡呈固态，弹簧将主阀门推向上方，

使之压在阀座上，主阀门（　　　）。

    A. 全开　　　　　　　　　　　　B. 开启 1/2

    C. 开启 1/3　　　　　　　　　　D. 关闭

参考答案： D

解题思路： 发动机温度低时，蜡式节温器处于关闭状态，这时进行小循环，等发动机冷却液温度上升到 85℃ 左右时，节温器打开进行大循环。

※58. 调整发动机气门间隙时应在（　　　）气门挺杆落至最终位置进行。

    A. 进气门完全关闭　　　　　　　B. 排气门完全关闭

    C. 进、排气门完全关闭　　　　　D. 进、排气门不需关闭

参考答案： C

解题思路： 测量和调整发动机气门间隙时，必须在发动机进、排气门全部关闭的状态进行，这个时候气门弹簧处于自由状态。

※59. 端隙又称开口间隙，是指活塞环装入活塞后，该环在上止点时环的两端头的间隙，一般为（　　　）之间。

    A. 0.15～0.50　　　　　　　　　B. 0.35～0.50

    C. 0.25～0.50　　　　　　　　　D. 0.05～0.50

参考答案： C

解题思路： 本题考查考生对发动机活塞环三个间隙的认知，三个间隙包括端隙、侧隙和背隙，端隙是指活塞环装入活塞筒后，活塞环开口之间的间隙。

---

60. 校正发动机曲轴弯曲常采用冷压校正法，校正后还应进行（　　　）。

    A. 时效处理　　　　　　　　　　B. 淬火处理

    C. 正火处理　　　　　　　　　　D. 表面热处理

参考答案： A

※61. 对于曲轴前端止推垫片的发动机，曲轴轴向间隙因磨损而增大时，应在保证前止推片为标准厚度的情况下，加厚（　　　）止推垫片的厚度，以满足车辆曲轴轴向间隙的要求。

A. 前

B. 后

C. 第一道

D. 第二道

参考答案： B

解题思路： 本题考查考生对曲轴轴向间隙的调整。轴向间隙随着磨损增加时，应该调整垫片厚度（厚度增加）。

62. 发动机曲轴冷压校正后，一般还要进行（   ）。

A. 正火处理

B. 表面热处理

C. 时效处理

D. 淬火处理

参考答案： C

※63. 发动机高速运转时由（   ）向蓄电池充电。

A. 分电器

B. 交流发电机

C. 电动机

D. 启动机

参考答案： B

解题思路： 汽车蓄电池的充电是靠交流发电机来实现的。

64. 发动机气缸盖上的气门座裂纹最好的修理方法是（   ）。

A. 粘接法

B. 磨削法

C. 焊修法

D. 堵漏法

参考答案： A

65. 检验发动机气缸盖和气缸体裂纹，可用压缩空气，空气压力为（   ）kPa，保持 5min，并且泄漏。

A. 294～392

B. 192～294

C. 392～490

D. 353～441

参考答案： A

66. 发动机缸体裂纹修复方法中，变形量最小的是（   ）。

A. 粘接法

B. 磨削法

C. 焊修法

D. 堵漏法

参考答案： D

※67. 发动机活塞环侧隙检查可用（   ）。

A. 百分表

B. 卡尺

C. 塞尺

D. 千分尺

参考答案： C

解题思路：本题考查考生对活塞环侧隙的测量，测量所使用的工具是塞尺。

※68. 发动机活塞环的安装间隙包括：端隙、侧隙和（　　）。

A. 边隙 　　　　　　　　　　　B. 背隙

C. 间隙 　　　　　　　　　　　D. 缝隙

参考答案：B

解题思路：本题考查考生对发动机活塞环三个间隙的认知，三个间隙包括端隙、侧隙和背隙。

※69. 发动机机油压力低是由于（　　）。

A. 主油道调压阀内柱塞阀不能打开

B. 曲轴各轴承磨损超限

C. 机油黏度过大

D. 主油道调压阀内弹簧压紧力过大

参考答案：B

解题思路：随着发动机使用年限的增加，各个运动件处会有不同程度的磨损，这些磨损的地方会导致机油压力的降低。

※70. 发动机冷却系的部件中能对冷却水加压使其循环流动的是（　　）。

A. 节温器 　　　　　　　　　　B. 散热器

C. 水泵 　　　　　　　　　　　D. 风扇

参考答案：C

解题思路：本题考查考生对发动机冷却系的认知，冷却液的循环是靠冷却系的水泵完成的。

※71. 发动机冷却系的组成部件中用来改变冷却水的循环路线及流量的是（　　）。

A. 节温器 　　　　　　　　　　B. 散热器

C. 水泵 　　　　　　　　　　　D. 风扇

参考答案：A

解题思路：发动机冷却系中控制大、小循环的部件是节温器，它也是最常见导致发动机水温高的原因之一。

※72. 发动机冷却系组成中，能将冷却水携带的热量散入大气，以保证发动机工作正常温度的是（　　）。

A. 节温器

B. 散热器

C. 水泵

D. 水套

参考答案：B

解题思路：发动机冷却系把发动机工作时的高温带到散热器处进行热交换（散热）。

※73. 发动机启动时，蓄电池可向启动机提供高达（　　）A 的电流。

A. 100～200

B. 100～300

C. 200～300

D. 200～600

参考答案：D

解题思路：本题考查考生对蓄电池启动电流的认知。对于一般汽油机而言，启动时的电流为 200～600A。

※74. 发动机气缸径向磨损呈不规则的（　　）。

A. 圆形

B. 圆柱形

C. 圆锥形

D. 椭圆形

参考答案：D

解题思路：发动机气缸的磨损规律是沿着径向是椭圆形，而沿着气缸方向是倒锥形。

※75. 发动机气缸体轴承座孔同轴度检验仪主要用定心轴套、定心轴、球形触头、百分表及（　　）。

A. 等臂杠杆

B. 千分表

C. 游标卡尺

D. 定心器

参考答案：A

※76. 发动机气缸排量是指（　　）。

A. 气缸总容积

B. 气缸工作容积

C. 气缸燃烧室容积

D. 气缸行程

参考答案：B

解题思路：发动机排量是指各气缸工作容积之和。

※77. 发动机曲轴各轴颈的圆度和圆柱度误差一般用（　　　）来测量。

　　A. 游标卡尺　　　　　　　　　　B. 百分表

　　C. 外径千分尺　　　　　　　　　D. 内径千分尺

　　参考答案：C

> **解题思路**：测量发动机曲轴轴颈一般用外径千分尺。

※78. 发动机曲轴轴向间隙检查时，应先将曲轴用撬棍撬至一端，再用塞尺测量第（　　　）道曲柄与止推轴承之间的间隙。

　　A. 1　　　　　　　　　　　　　　B. 2

　　C. 3　　　　　　　　　　　　　　D. 4

　　参考答案：C

> **解题思路**：测量曲轴轴向间隙时，一般采用增加或者减小第3道止推垫片厚度的方法调整。

※79. 发动机润滑系中并联于润滑系内，并能滤出润滑油中微小杂质的选项是（　　　）。

　　A. 机油集滤器　　　　　　　　　B. 机油细滤器

　　C. 机油粗滤器　　　　　　　　　D. 机油散热器

　　参考答案：B

> **解题思路**：发动机润滑系中过滤杂质一般采用粗滤器（也叫集滤器）和细滤器（也叫机油滤清器），而过滤微小杂质用细滤器（滤清器）。

※80. 发动机镗缸后的气缸圆度和圆柱度误差应小于（　　　）mm。

　　A. 0.0005　　　　　　　　　　　B. 0.005

　　C. 0.05　　　　　　　　　　　　D. 0.5

　　参考答案：B

> **解题思路**：本题考查考生对发动机大修后精度的认知，大修镗缸后的发动机圆度和圆柱度精度不小于0.005mm。

81. 启动汽油机时，无着火征兆，检查油路，故障是（　　　）。

　　A. 混合气浓　　　　　　　　　　B. 混合气稀

C. 不来油　　　　　　　　　　　D. 来油不畅

参考答案：C

82.（　　）是汽油发动机热车启动困难的主要原因。

A. 混合气过稀　　　　　　　　　B. 混合气过浓

C. 油路不畅　　　　　　　　　　D. 点火错乱

参考答案：B

※83. 发动机油泵通常用外啮合齿轮泵，其主要由齿轮、轴承、泵盖及（　　）组成。

A. 叶片　　　　　　　　　　　　B. 柱塞

C. 油管　　　　　　　　　　　　D. 传动轴

参考答案：D

> **解题思路**：本题考查考生对机油泵相关知识的认知，机油泵由齿轮、传动轴、轴承和泵盖组成。

※84. 发动机运转时，各运动零件的工作条件不同，所要求的润滑强度也不同，因而要采取不同的润滑方式，常用的润滑方式有：（　　）、飞溅润滑、脂润滑。

A. 综合润滑　　　　　　　　　　B. 压力润滑

C. 局部润滑　　　　　　　　　　D. 喷射润滑

参考答案：B

> **解题思路**：发动机中对于运动件之间的润滑方式分为压力润滑、飞溅润滑和脂润滑（俗称黄油）三种。

※85. 发动机运转时，各运动零件的工作条件不同，所要求的润滑强度也不同，因而要采取不同的润滑方式，常用的润滑方式有：压力润滑、飞溅润滑、（　　）。

A. 综合润滑　　　　　　　　　　B. 压力润滑

C. 脂润滑　　　　　　　　　　　D. 喷射润滑

参考答案：C

※86. 发动机转速低于怠速时，空调的怠速继电式控制，是指（　　）。

A. 保持空调低工效运行

B. 保持空调只运行在怠速工况

C. 自动切断空调压缩机的电磁离合器电流，使空调停止工作

D. 提升发动机转速、使空调工作

参考答案： C

> **解题思路：** 发动机怠速分为正常怠速和快怠速，快怠速又分为暖车快怠速和有负荷快怠速。当发动机转速低于正常怠速时，为了防止发动机抖动甚至熄火，发动机会采取关闭负荷的输出而保证发动机怠速的稳定。

※87. 分水管→水套→出水口→上水管→散热器→下水管→水泵，进行（　　）。

A. 大循环　　　　　　　　　　B. 微循环

C. 小循环　　　　　　　　　　D. 中循环

参考答案： A

> **解题思路：** 发动机大循环中包含散热器，而小循环中不包含散热器。

※88. 风冷却系统为了更有效地利用空气流，加强冷却，一般都装有（　　）。

A. 导流罩　　　　　　　　　　B. 散热片

C. 分流板　　　　　　　　　　D. 鼓风机

参考答案： C

89. 若汽油机燃料消耗量过大，则检查（　　）。

A. 油箱或管路是否漏油　　　　B. 空气滤清器是否堵塞

C. 燃油泵故障　　　　　　　　D. 进气管漏气

参考答案： A

90. 若发动机机油油耗超标，则检查（　　）。

A. 油底壳油量是否不足　　　　B. 润滑油道堵塞

C. 机油黏度是否符合要求　　　D. 活塞、活塞环与气缸壁磨损

参考答案： D

> **解题思路：** 本题考查考生对发动机烧机油故障的认知，一般烧机油是气门油封老化失去弹性和活塞环磨损导致的。

91. 发动机排放超标产生的原因有（　　）。

A. 真空管漏气　　　　　　　　B. 点火系有故障

C. 各缸缸压升高 　　　　　　　　　D. 润滑系有故障

参考答案： B

92. 若发动机排放超标应检查（　　）。

　　A. 排气歧管 　　　　　　　　　　B. 排气管

　　C. 三元催化转化器 　　　　　　　D. EGR 阀

参考答案： C

※93. 个别车型在三元催化转换器前的排气管内还有一个预热三元催化转换器，其作用是降低发动机预热期间的（　　）、CO 和 NO_x 排放量。

　　A. H_2O 　　　　　　　　　　　　B. HC

　　C. NC 　　　　　　　　　　　　　D. NO

参考答案： B

> **解题思路：** 本题考查考生对发动机排放物的认知，HC、CO 和 NO_x 是三个排放物的主要成分。

※94. 根据《汽车发动机缸体与气缸盖修理技术条件》（GB 3801）的技术要求，气缸套上端面应不低于气缸体上平面，亦不高出（　　）mm。

　　A. 0.1 　　　　　　　　　　　　　B. 0.075

　　C. 0.05 　　　　　　　　　　　　D. 0.25

参考答案： A

> **解题思路：** 本题考查考生对发动机大修后气缸套安装知识的认知，按照标准应该是 A。

95. 用气缸压力表测试汽缸压力前，应使发动机运转至（　　）。

　　A. 怠速状态 　　　　　　　　　　B. 正常工作温度

　　C. 正常工作状况 　　　　　　　　D. 大负荷工况状态

参考答案： B

96. 发动机外载测功仪测得的发动机功率为（　　）。

　　A. 额定功率 　　　　　　　　　　B. 总功率

　　C. 净功率 　　　　　　　　　　　D. 机械损失功率

参考答案： C

※97. 根据《汽车发动机缸体与气缸盖修理技术条件》（GB 3801）的技术要求，气缸体上平面 50mm×50mm 测量范围内平面度不大于（　　）mm。

A. 0.01　　　　　　　　　　　　B. 0.04

C. 0.05　　　　　　　　　　　　D. 0.1

参考答案： C

> **解题思路：** 本题考查考生对气缸体平面度的认知，在一定的面积内平面度不大于 0.05mm。

※98. 根据《汽车发动机缸体与气缸盖修理技术条件》（GB 3801）的技术要求，气门导管与承孔的配合过盈量一般为（　　）mm。

A. 0.01～0.04　　　　　　　　　B. 0.01～0.06

C. 0.02～0.04　　　　　　　　　D. 0.2～0.06

参考答案： D

※99. 根据冷却方式不同，气缸体可分为水冷式和（　　）。

A. 油冷式　　　　　　　　　　　B. 风冷式

C. 隧道式　　　　　　　　　　　D. 龙门式

参考答案： B

> **解题思路：** 本题考查考生对发动机冷却方式的认知，分为风冷和水冷。

※100. 根据气缸排列方式，缸体分成：（　　）、V 型、水平对置和 W 型。

A. V 型　　　　　　　　　　　　B. 水冷式

C. 直列式　　　　　　　　　　　D. 龙门式

参考答案： C

> **解题思路：** 发动机气缸的排列形式分为直列式（L 型）、V 型、水平对置和 W 型四种。

※101. 根据气缸排列方式，缸体分成：直列式、（　　）、水平对置和 W 型。

A. V 型　　　　　　　　　　　　B. X 型

C. Y 型　　　　　　　　　　　　D. 龙门式

参考答案： A

解题思路：见上题。

102. （　　）是汽车发动机不能启动的主要原因。

A. 油路不过油　　　　　　　　　B. 混合气过稀或过浓

C. 点火过迟　　　　　　　　　　D. 点火过早

参考答案：A

※103. 根据气缸体与油底壳安装平面位置不同可分为：龙门式、（　　）和一般式。

A. 风冷式　　　　　　　　　　　B. 水平对置式

C. 直列式　　　　　　　　　　　D. 隧道式

参考答案：D

※104. 更换发动机机油时，（　　　）。

A. 将汽车停在平坦的场地，在前、后车轮外垫上止滑块

B. 将汽车停放在坡道上

C. 在冷车的状态下

D. 润滑油的黏度越大越好

参考答案：A

解题思路：发动机更换机油或者保养的时候，要注意安全问题，防止操作者受伤。

※105. 更换发动机冷却液时间要求是长效防锈防冻液每（　　　）更换一次。

A. 6 个月　　　　　　　　　　　B. 2 年

C. 1 年　　　　　　　　　　　　D. 3 年

参考答案：B

※106. 更换发动机润滑油后，应该（　　　），检查滤清器处应无润滑油泄漏。

A. 启动发动机　　　　　　　　　B. 清洁发动机

C. 盖上引擎盖　　　　　　　　　D. 检查冷却液

参考答案：A

解题思路：本题考查考生对更换发动机机油（润滑油）后规范操作的认知，更换完机油后，应该启动发动机，然后检查放油螺栓和滤清器处有无漏油。

107. 用数字万用表的（　　　）可检查点火线圈是否有故障。

A. 欧姆挡　　　　　　　　　　B. 电压挡

C. 千欧挡　　　　　　　　　　D. 兆欧挡

参考答案：A

> **解题思路：** 本题考查考生对点火线圈检测的认知，一般来说，检查点火线圈的好坏是用万用表的欧姆挡测量初级线圈和次级线圈的电阻值。

108. 发动机连杆轴承轴向间隙使用极限为（　　　）mm。

A. 0.40　　　　　　　　　　　B. 0.50

C. 0.30　　　　　　　　　　　D. 0.60

参考答案：B

※109. 更换汽油发动机和柴油发动机时，润滑油（　　　）。

A. 一般不能通用　　　　　　　B. 牌号相差不大时可以通用

C. 夏季可以通用　　　　　　　D. 冬季可以通用

参考答案：A

> **解题思路：** 汽油机和柴油机的润滑油一般是不能通用的，但是个别润滑油除外，例如：嘉实多极护润滑油。

※110. 更换水泵的水封总成后应进行（　　　）试验，检查各处应无漏水。

A. 水压　　　　　　　　　　　B. 水流速

C. 漏水　　　　　　　　　　　D. 水质

参考答案：C

> **解题思路：** 本题考查考生对发动机水泵更换水封后规范操作的认知，水封的作用是防止冷却液从水泵中漏出，从而导致水温过高（开锅）。

※111. 活塞环漏光处的缝隙应不大于（　　　）mm。

A. 0.01　　　　　　　　　　　B. 0.03

C. 0.05　　　　　　　　　　　D. 0.07

参考答案：B

> **解题思路：** 本题考查考生对活塞环安装后要求的认知，活塞环安装后要从缝隙长度和漏光弧长来表示安装的要求。

※112. 活塞环外围开口处之外部位每处的漏光弧长所对应的圆心角不得超过 （　　）。

A. 15°　　　　　　　　　　　　B. 25°

C. 45°　　　　　　　　　　　　D. 60°

参考答案：B

解题思路：本题考查考生对活塞环安装后要求的认知，活塞环安装后要从缝隙长度和漏光弧长来表示安装的要求。

113. QFC-4 型测功仪是检测发动机 （　　） 的测功仪器。

A. 负荷　　　　　　　　　　　　B. 有负荷

C. 大负荷　　　　　　　　　　　D. 加速负荷

参考答案：A

114. 机油压力表必须与其配套设计的 （　　） 配套使用。

A. 传感器　　　　　　　　　　　B. 化油器

C. 示波器　　　　　　　　　　　D. 喷油器

参考答案：A

※115. 机油泵泵油压力过低会导致 （　　）。

A. 泵油量过大　　　　　　　　　B. 曲轴轴承间隙过大

C. 凸轮轴轴承间隙过大　　　　　D. 曲轴轴承烧熔

参考答案：D

解题思路：机油泵压力过低会导致运动件之间的油膜不能很好建立，从而导致磨损加剧，甚至出现烧瓦抱轴的现象。

※116. 机油滤清方法分为：滤清器与主油道串联-全流式滤清和（　　）两种。

A. 滤清器与主油道串联-分流式滤清

B. 滤清器与主油道并联-全流式滤清

C. 滤清器与主油道串联-合流式滤清

D. 滤清器与主油道并联-分流式滤清

参考答案：D

※117. 机油牌号中，在数字后面带 "W" 字母，（　　），数字代表黏度等级。

A. 表示夏季使用机油　　　　　　B. 表示柴油机油

C. 表示汽油机油　　　　　　　　　D. 表示低温系列，W 表示冬用

参考答案：D

> **解题思路**：本题考查考生对机油相关知识的认知，W 表示冬季用的机油，W 前的数字代表机油低温流动性，而 W 后的数字代表高温时的黏度。

118. 发动机全浮式活塞销与活塞销座孔的配合，汽油机要求在常温下有（　　）mm 的过盈。

A. 0.025～0.075　　　　　　　　　B. 0.0025～0.0075

C. 0.05～0.08　　　　　　　　　　D. 0.005～0.008

参考答案：B

119. 桑塔纳 2000GLI 型轿车 AFE 型发动机的机油泵主从动齿轮与机油泵盖接合面正常间隙为（　　）mm。

A. 0.10　　　　　　　　　　　　　B. 0.20

C. 0.05　　　　　　　　　　　　　D. 0.30

参考答案：C

120. 安装 AJR 型发动机活塞环时，其开口应错开（　　）。

A. 90°　　　　　　　　　　　　　B. 100°

C. 120°　　　　　　　　　　　　　D. 180°

参考答案：C

121. 日本丰田轿车采用下列（　　）调整气门间隙。

A. 两次调整法　　　　　　　　　　B. 逐缸调整法

C. 垫片调整法　　　　　　　　　　D. 不用调整

参考答案：C

※122. 机油压力报警灯开关装在（　　）。

A. 润滑油主油道　　　　　　　　　B. 发动机曲轴箱

C. 气门室罩盖　　　　　　　　　　D. 节气门体

参考答案：A

> **解题思路**：本题考查考生对发动机机油压力开关安装位置的认知。为了保证机油能形成油膜，从而保证润滑效果，所以设计了机油压力开关，并且把它安装在机油的主油道上。

123. 若汽油机燃料消耗量过大，则检查（　　）。

A. 油箱或管路是否漏油　　　　　B. 空气滤清器是否堵塞

C. 燃油泵故障　　　　　　　　　D. 进气管漏气

参考答案： A

124. （　　）是汽油发动机热车启动困难的主要原因。

A. 混合气过稀　　　　　　　　　B. 混合气过浓

C. 油路不畅　　　　　　　　　　D. 点火错乱

参考答案： B

※125. 机油压力低于（　　）MPa 以上时，机油压力过低报警灯报警，开关触点闭合，报警灯亮。

A. 0.03～0.15　　　　　　　　　B. 0.15～0.30

C. 0.30～0.45　　　　　　　　　D. 0.45～0.60

参考答案： A

解题思路： 本题考查考生对机油压力数值的认知，当机油压力低于 0.03～0.15MPa 时，仪表上会通过机油压力警告灯告知司机。

※126. 机油压力低于 0.03～0.15MPa 时，机油压力过低报警灯开关（　　）。

A. 触点闭合、报警灯灭　　　　　B. 触点闭合、报警灯亮

C. 触点断开、报警灯亮　　　　　D. 触点断开、报警灯灭

参考答案： B

解题思路： 见上题。

※127. 机油压力开关用于检测发动机润滑系统内有无机油（　　）。

A. 温度　　　　　　　　　　　　B. 压力

C. 黏度　　　　　　　　　　　　D. 流动

参考答案： B

解题思路： 本题考查考生对机油压力开关作用的认知，此开关主要是检测机油压力的数值，从而判断润滑系统内有无压力，压力正常与否。

128. 汽油燃烧抗爆性能的指标是（　　）。

A. 辛烷值　　　　　　　　　　　B. 蒸发性

C. 清洁性　　　　　　　　　　　D. 十六烷值

参考答案： A

※129. 机油压力开关由膜片、（　　）及触点组成。

A. 弹簧　　　　　　　　　　B. 压敏元件

C. 电阻　　　　　　　　　　D. 电容

参考答案： A

解题思路： 本题考查考生对机油压力开关结构的认知，机油压力的变化会通过此开关中的膜片拱曲程度决定触点是否闭合。

※130. 机油指示灯亮，表示发动机润滑压力为危险界限，润滑油正常压力应为（　　）。

A. 2～3MPa　　　　　　　　B. 1～2MPa

C. 0.16～0.40MPa　　　　　D. 5.4～7.4MPa

参考答案： C

※131. 检查储液罐，如果冷却液变得污浊或充满水垢并低于最小线，应将冷却液（　　）并清洗冷却系。

A. 补足　　　　　　　　　　B. 全部放掉

C. 加水　　　　　　　　　　D. 补充白酒

参考答案： B

解题思路： 本题考查考生对冷却液更换标准的认知，当冷却液低于最低线或者冷却液变得浑浊时，说明冷却液需要更换。

132. 气缸盖螺纹孔（不包括火花塞孔）螺纹损坏多于（　　）牙需修复。

A. 1　　　　　　　　　　　　B. 2

C. 3　　　　　　　　　　　　D. 4

参考答案： B

133. 活塞环拆装钳是一种专门用于拆装（　　）的工具。

A. 活塞环　　　　　　　　　B. 活塞销

C. 顶置式气门弹簧　　　　　D. 轮胎螺母

参考答案： A

※134. 检查所装配的正时配气机构的安装标记是否对准，若正时皮带或正时链条张紧后标记有误，应重新（　　）。

A. 调整
B. 安装
C. 更换
D. 以上都不是

参考答案：A

解题思路：本题考查考生对正时皮带或者链条调整的认知。正时对于发动机而言非常重要，如果装配错误会导致气门顶弯或者更加严重的后果，所以一旦发现正时错误要及时调整。

※135. 检查所装配的正时配气机构的安装标记是否（　　），若正时皮带或正时链条张紧后标记有误，应重新调整。

A. 对正
B. 对齐
C. 正确
D. 对准

参考答案：D

解题思路：发动机正时皮带或者链条是保证活塞上下往复运动和气门打开、关闭实现协调工作，如果不正确，轻则导致活塞顶弯气门，重则活塞顶破气缸盖。

136. 使用国产 EA-2000 型发动机综合分析仪时，在开启仪器电源应预热（　　）min。

A. 10
B. 20
C. 30
D. 40

参考答案：B

※137. 将凸轮轴放置在 V 型铁上，V 型铁和百分表放置在平板上，使百分表触头与凸轮轴中间轴颈垂直接触，转动凸轮观察百分表表针的摆差即为凸轮轴的（　　）。

A. 弯曲度
B. 扭曲度
C. 磨损
D. 液压挺柱磨损

参考答案：A

解题思路：本题考查考生对测量凸轮轴弯曲度的知识认知，测量时，百分表的触头应该顶在中间轴颈上。

138. 用连杆检验仪检验连杆变形时，若三点规的 3 个测点都与检验平板接触，则连杆（　　）。

A. 变形
B. 弯曲变形

C. 扭曲变形   D. 弯扭变形

参考答案：A

139. 发动机产生爆震的原因是（   ）。

A. 压缩比过小   B. 汽油辛烷值过低

C. 点火过晚   D. 发动机温度过低

参考答案：B

※140. 进气门提前开启的目的是：为了保证新鲜气体或可燃混合气能顺利、充分地进入（   ）。

A. 燃烧室   B. 配气机构

C. 气缸   D. 进气管

参考答案：C

> **解题思路**：进气门早开晚关的目的就是让空气多进入气缸，使发动机的功率多提高一点。

141. 活塞环磨损严重，应该（   ）。

A. 更换新件   B. 修复

C. 继续使用   D. 以上均正确

参考答案：A

142. 发动机缸套镗削后，还必须进行（   ）。

A. 光磨   B. 桁磨

C. 研磨   D. 铰磨

参考答案：B

※143. 进气门早开和排气门晚关时，出现的进排气门同时开启的现象被称为（   ）。

A. 气门重叠角   B. 气门叠开

C. 配气相位   D. 配气相位图

参考答案：B

> **解题思路**：进气门早开晚关和排气门早开晚关会出现进排气门出现叠开的现象，即进气门和排气门都打开。

144. 不分光红外线气体分析仪，对（   ）气体浓度进行连续测量。

A. HC

B. CO_2

C. NO_x

D. NO_2

参考答案： A

145. 在水杯中加热节温器对其进行检查，其结束打开温度约为
（　　）℃。

A. 90

B. 100

C. 120

D. 130

参考答案： A

※146. 蜡式节温器的工作起始温度是（　　）℃。

A. 35

B. 65

C. 85

D. 105

参考答案： B

解题思路： 蜡式节温器的开启温度是 65℃，而随着水温的升高会逐渐开大。当水温高于 85℃ 时，节温器完全打开。

※147. 冷却水温高于（　　）℃ 时，节温器主阀门全开时，副阀门全关，冷却水在全部流经散热器进行水的大循环，使发动机保持正常温度。

A. 35

B. 55

C. 65

D. 85

参考答案： D

解题思路： 本题考查考生对节温器打开温度的认知，当水温大于 65℃ 时，节温器开始打开进行大循环。水温高于 85℃ 时，节温器主阀门全开。

---

148. （　　）运转时，产生加速敲缸，视为爆燃。

A. 底盘

B. 发动机

C. 电器

D. 以上均正确

参考答案： B

※149. 冷却液是由（　　）、防冻防锈剂、添加剂三部分组成。

A. 酒精

B. 乙二醇

C. 甘油

D. 水

参考答案： D

150. 发动机运转时，产生（ ），视为爆燃。

A. 加速敲缸

B. 制动点头

C. 运转平稳

D. 加速敲缸、制动点头、运转平稳均正确

参考答案：A

151. 汽车专用示波器的波形，显示的是（ ）的关系曲线。

A. 电流与时间

B. 电压与时间

C. 电阻与时间

D. 电压与电阻

参考答案：B

※152. 良好的节温器阀门全开时，要求阀门升起来的高度应不低于（ ）mm。

A. 9

B. 10

C. 11

D. 12

参考答案：A

解题思路： 本题考查考生对节温器打开高度的认知。为了保证冷却系能可靠的进行散热，对于节温器高度要求不低于 9mm。

153. 用（ ）测量气缸的磨损情况。

A. 量缸表

B. 螺旋测微器

C. 游标卡尺

D. 以上均正确

参考答案：A

※154. 排放控制系统包括 PCV、（ ）、TWC、以及 EGR 四个系统。

A. EVAP

B. TRC

C. VVTI

D. VTEC

参考答案：A

解题思路： 发动机排放控制系统包含曲轴箱强制通风（PCV）、碳罐系统（EVAP）、三元催化转换器（TWC）和废气再循环（EGR）四个系统。

※155. 排放控制系统包括曲轴箱强制通风系统、碳罐系统、（ ）以及废气再循环系统四个系统。

A. 涡轮增压系统
B. 二次喷射系统
C. 三元催化转换系统
D. 高压共轨系统

参考答案：C

> **解题思路**：本题考查考生对发动机排放控制系统的认知。为了降低发动机燃烧后的排放物，设计了曲轴箱强制通风系统、碳罐系统、三元催化转换系统和废气再循环系统。

156. 液压缸按结构形式主要分为柱塞式、（　　）摆动式。

A. 活塞式
B. 液压式
C. 单作用式
D. 双作用式

参考答案：A

157. 发动机运转时，产生加速敲缸，视为（　　）。

A. 回火
B. 爆燃
C. 失速
D. 回火、爆燃、失速均正确

参考答案：B

※158. 排放控制系统用于减少废气中有害气体（　　）、HC、和 NO_x。

A. CO_2
B. NO_x
C. O_2
D. CO

参考答案：D

> **解题思路**：发动机完全燃烧生成水和二氧化碳，而发动机不完全燃烧主要生成 CO（一氧化碳）、HC（碳氢化合物）、和 NO_x（氮氧化物）。

159. 检验气门密封性，常用且简单可行的方法是用（　　）。

A. 水压
B. 煤油或汽油渗透
C. 口吸
D. 仪器

参考答案：B

※160. 排气门迟关的目的是：由于活塞到达上止点时，气缸内的压力仍（　　）大气压，利用排气流的惯性可使废气继续排出。

A. 低于
B. 小于
C. 大于
D. 高于

参考答案：C

> **解题思路**：排气门晚关的目的是利用换气使气缸内的废气排出得更加彻底。

※161. 牌号 5W40、10W40、20W40 为（　　　）。

A. 汽油机油　　　　　　　　　B. SF 汽油机油

C. 柴油机油　　　　　　　　　D. SD 汽油机油

参考答案： A

※162. 配气相位是指用发动机曲轴的（　　　）表示进、排气门实际关闭的时刻和开启的持续时间。

A. 转速　　　　　　　　　　　B. 转角

C. 圈数　　　　　　　　　　　D. 位置

参考答案： B

> **解题思路：** 本题考查考生对发动机配气相位知识的认知，进气和排气打开和关闭时刻和持续时间用发动机曲轴转角来表示。

163. 若发动机活塞敲缸异响，低温响声大，高温响声小，则为（　　　）。

A. 活塞与气缸壁间隙过大　　　B. 活塞质量差

C. 连杆弯曲变形　　　　　　　D. 机油压力低

参考答案： A

※164. 配气相位通常用环形来表示，我们把这种图称之为（　　　）。

A. 气门重叠角　　　　　　　　B. 气门锥角

C. 配气相位　　　　　　　　　D. 气门相位图

参考答案： D

※165. 气缸体翘曲变形多用（　　　）进行检测。

A. 百分表和塞尺　　　　　　　B. 塞尺和直尺

C. 游标卡尺和直尺　　　　　　D. 千分尺和塞尺

参考答案： B

> **解题思路：** 发动机气缸盖和气缸体结合面的平面度采用刀口尺（或者直尺）和塞尺测量。

※166. 气门间隙的调整方法分别为，逐缸调整法和（　　　）。

A. 双缸调整法　　　　　　　　B. 双排不进法

C. 二次调整法　　　　　　　　D. 以上都不是

参考答案： C

> **解题思路：** 气门间隙的调整分为逐缸调整法和二次调整法，其中二次调整法按照"双排不进"的顺序进行测量和调整。

167. 检测凸轮轴轴向间隙的工具是（　　　）。

A. 百分表
B. 外径千分尺
C. 游标卡尺
D. 塑料塞尺

参考答案：A

168. 用非分散型红外线气体分析仪检测汽油车废气时，应在发动机（　　）工况检测。

A. 启动
B. 中等负荷
C. 怠速
D. 加速

参考答案：C

解题思路：汽车尾气的测量一般都是在怠速下进行。

169. 空气压缩机的装配中，组装好活塞连杆组，使活塞环开口相互错开（　　）。

A. 30°
B. 60°
C. 90°
D. 180°

参考答案：D

※170. 气门密封的检查方法为：（　　　）、拍击法、涂红丹油、渗油法。

A. 进光法
B. 水压法
C. 画线法
D. 目测法

参考答案：C

解题思路：气门研磨完后要进行密封性检查，最常用的方法就是用粉笔画线后，使气门和气门座圈贴合后，转动气门杆，然后拿出气门杆，检查气门杆上的画线有没有被切断，如果全部被切断，说明密封良好。

171. 汽油机排放的主要有害物质（　　　）。

A. 碳烟
B. CO_2
C. CO
D. N_2

参考答案：C

172. 安装机油压力传感器时，应使"↑"记号朝（　　　），否则会降低机油压力表指示的准确性。

A. 下
B. 前

C. 后　　　　　　　　　　　　D. 上

参考答案： D

173. 如果气缸体裂纹发生在受力较大或温度较高的部位，则采用（　　）修理方法。

A. 粘接　　　　　　　　　　　B. 磨削法

C. 焊修法　　　　　　　　　　D. 堵漏法

参考答案： C

※174. 气门头部的形状有（　　）、凸顶和凹顶三种结构形式。

A. 尖顶　　　　　　　　　　　B. 圆顶

C. 平顶　　　　　　　　　　　D. 都不是

参考答案： C

解题思路： 本题考查考生对气门头部形状的认知。为了使发动机燃烧室内形成良好的涡流效应（使混合气混合得更好），气门头部设计成平顶、凸顶和凹顶三种。

---

175. 检查皮带松紧度，用 30～50N 的力按下传动带，挠度应为（　　）。

A. 5～10mm　　　　　　　　　B. 10～15mm

C. 15～20mm　　　　　　　　D. 20～25mm

参考答案： B

176. 气门弹簧拆装机是一种专门用于拆装（　　）的工具。

A. 活塞环　　　　　　　　　　B. 活塞销

C. 顶置式气门弹簧　　　　　　D. 轮胎螺母

参考答案： C

※177. 气门由头部和（　　）两部分组成。

A. 锁片　　　　　　　　　　　B. 杆身

C. 导管　　　　　　　　　　　D. 弹簧

参考答案： B

解题思路： 本题考查考生对气门结构的认知，气门由头部和杆身组成。

※178. 气门与座圈的密封带宽度应符合原设计规定，一般为（　　）mm。

A. 1.2～2.0 　　　　　　　　　　B. 1.2～3.0

C. 1.5～2.5 　　　　　　　　　　D. 1.2～2.5

参考答案：D

解题思路：本题考查考生对气门关闭时气门和座圈密封带宽度的认知，宽度一般为 1.2～2.5mm。

※179. 气门组主要包括：气门、气门导管、（　　）及气门弹簧。

A. 挺柱　　　　　　　　　　　　B. 气门传动组

C. 气门锁片　　　　　　　　　　D. 摇臂

参考答案：C

解题思路：本题考查考生对气门组结构的认知，包括气门、气门导管、气门锁片和气门弹簧。

---

180. 用量缸表测量气缸时，当大指针顺时针方向离开"0"位，表示气缸直径（　　）标准尺寸的缸径。

A. 小于　　　　　　　　　　　　B. 等于

C. 大于　　　　　　　　　　　　D. 大于或等于

参考答案：A

※181. 汽车行驶 7500～8000km 应对空气滤清器进行（　　）。

A. 更换　　　　　　　　　　　　B. 维护

C. 检查　　　　　　　　　　　　D. 冲洗

参考答案：B

解题思路：本题考查考生对空气滤清器维护的相关知识，每隔一段距离或者时间要进行维护或者更换。

---

182. 下列属于发动机连杆轴承响的原因是（　　）。

A. 气缸压力高　　　　　　　　　B. 曲轴将要折断

C. 连杆轴承合金烧毁或脱落　　　D. 曲轴弯曲变形

参考答案：C

183. 汽油机点火过早发出异响的原因有（　　）。

A. 凸轮轴和曲轴两中心线不平行　B. 发动机温度过高

C. 发动机进气不足　　　　　　　D. 点火线圈温度过高

参考答案：B

184. 气缸盖螺纹孔（不包括火花塞孔）螺纹损坏多于（　　）牙需修复。

A. 1　　　　　　　　　　　　B. 2

C. 3　　　　　　　　　　　　D. 4

参考答案：B

※185. 气缸的主要排列形式有直列和（　　）排列。

A. V 型　　　　　　　　　　B. L 型

C. 双列式　　　　　　　　　D. 直列式

参考答案：A

解题思路：虽然发动机气缸的排列形式有四种，但是本题是主要排列形式，所以选择 A。

※186. 汽油燃料供给系统的作用是根据发动机各种不同工况要求，将洁净的（　　）按一定时间和数量供入气缸。

A. 空气

B. 柴油

C. 汽油或汽油和空气配制出适当的混合气

D. 天然气

参考答案：C

解题思路：本题考查考生对汽油燃料供给系工作原理的认知，汽油发动机是把空气和汽油按照一定比例混合气进行燃烧的，所以选择 C。

187. 非分散型红外线气体分析仪使用前，先接通电源，预热（　　）min 以上。

A. 20　　　　　　　　　　　B. 30

C. 40　　　　　　　　　　　D. 60

参考答案：B

188. 检测凸轮轴轴颈磨损的工具是（　　）。

A. 百分表　　　　　　　　　B. 外径千分尺

C. 游标卡尺　　　　　　　　D. 塑料塞尺

参考答案：B

※189. 曲轴箱强制通风的作用有：防止曲轴箱内气压过高，机油

渗漏，（　　），把渗入曲轴箱的蒸气引入气缸内燃烧。

A. 降低机油温度　　　　　　　　B. 过滤燃油蒸气

C. 防止机油蒸气稀释　　　　　　D. 稀释机油

参考答案： C

> **解题思路：** 本题考查考生对曲轴箱强制通风系统工作原理的认知，曲轴箱强制通风系统的作用是把燃烧室漏入曲轴箱的蒸气通过再次导入进气道燃烧的方式处理掉。

※190. 曲轴箱通风的方式分为：（　　）和强制通风。

A. 自然通风　　　　　　　　　　B. 增压通风

C. 机械通风　　　　　　　　　　D. 辅助通风

参考答案： A

> **解题思路：** 本题考查考生对曲轴箱强制通风方式的认知，分为自然通风和强制通风。

191. 对于受力不大、工作温度低于 100℃ 的部位的气缸盖裂纹大部分可以采用（　　）修复。

A. 粘接法　　　　　　　　　　　B. 磨削法

C. 焊修法　　　　　　　　　　　D. 堵漏法

参考答案： A

※192. 曲轴箱通风的方式分为：自然通风和（　　）。

A. 增压通风　　　　　　　　　　B. 强制通风

C. 机械通风　　　　　　　　　　D. 辅助通风

参考答案： B

> **解题思路：** 见第 190 题。

※193. 燃烧室的类型有半球形、（　　）、球形。

A. 统一式　　　　　　　　　　　B. 楔形

C. 方形　　　　　　　　　　　　D. 锥形

参考答案： B

> **解题思路：** 本题考查考生对燃烧室类型的认知，燃烧室的类型分为半球形、楔形和球形三种。

194. 凸轮轴轴向间隙的允许极限为（　　）mm。

A. 0.10　　　　　　　　　　B. 0.15

C. 0.025　　　　　　　　　　D. 0.015

参考答案：B

195. 发动机曲轴轴承座孔轴线与气缸轴线应用（　　）误差评价。

A. 平行度　　　　　　　　　　B. 垂直度

C. 同轴度　　　　　　　　　　D. 位置度

参考答案：B

※196. 润滑系统中，一般装有几个不同滤清能力的滤清器，即（　　）、粗滤器和细滤器。

A. 集滤器　　　　　　　　　　B. 粗滤器

C. 细滤器　　　　　　　　　　D. 滤清器

参考答案：A

> **解题思路**：本题考查考生对润滑系统滤清器类型的认知，发动机润滑系统的滤清器分为粗滤器、细滤器和集滤器三种。

※197. 加注润滑油时，技术要求润滑油量应位于油标尺（　　）。

A. 上刻线与下刻线之间　　　　B. 下刻线以下

C. 上刻线以上　　　　　　　　D. 任何位置即可

参考答案：A

> **解题思路**：本题考查考生对机油加注标准的认知，一般在发动机机油尺上有两条刻线，正确的机油油面高度在这两条刻线之间。

198. 当发动机曲轴中心线弯曲大于（　　）mm时，曲轴须加以校正。

A. 0.10　　　　　　　　　　B. 0.05

C. 0.025　　　　　　　　　　D. 0.015

参考答案：B

199. 若发动机连杆轴承响，响声会随发动机负荷增加而（　　）。

A. 减小　　　　　　　　　　B. 增大

C. 先增大后减小　　　　　　　D. 先减小后增大

参考答案：A

※200. 三元催化转换器的工作条件是当理论空燃比为（　　），废

气温度在 $400 \sim 800℃$ 时，三元催化转换器能最有效地减少废气中的 CO、HC 和 NO_x 的含量。

　　A. $15\% \pm 1\%$　　　　　　　B. $15\% \pm 2\%$

　　C. $14.7\% \pm 1\%$　　　　　　D. $14.7\% \pm 2\%$

参考答案：C

　　解题思路：本题考查考生对三元催化转换器工作条件的认知，当混合气的空燃比在理论空燃比（$14.7\% \pm 1\%$）时，三元催化转换器的效率最高。

　　※201. 三元催化转换器的作用是将废气中的 HC、CO 和（　　　）等有害气体转换成 CO_2、N_2 和水蒸气。

　　A. C　　　　　　　　　　　　B. O_2

　　C. CO_2　　　　　　　　　　D. NO_x

参考答案：D

202. 对于配气相位的检查，以下说法正确的是（　　　）。

　　A. 应该在气门间隙调整前检查

　　B. 应该在气门间隙调整后检查

　　C. 应该在气门间隙调整过程中检查

　　D. 具体要求

参考答案：A

203. 气缸盖螺纹孔（不包括火花塞孔）螺纹损坏多于（　　　）牙需修复。

　　A. 1　　　　　　　　　　　　B. 2

　　C. 3　　　　　　　　　　　　D. 4

参考答案：B

　　※204. 三元催化转换器为一个（　　　）结构，在其排气管中央的栅格网表面，涂有催化剂。

　　A. 组合式　　　　　　　　　　B. 整体式

　　C. 分开式　　　　　　　　　　D. 连体式

参考答案：B

　　解题思路：本题考查考生对三元催化转换器结构的认知，三元催化转换器为一个整体式，里面是蜂窝煤形式的，上面涂有铂、钯、铑等贵重金属，工作时，可以氧化和还原有害气体。

205. 发动机的缸体曲轴箱组包括气缸体、下曲轴箱、（　　　）、气缸盖和气缸垫等。

A. 上曲轴箱
B. 活塞
C. 连杆
D. 曲轴

参考答案：A

206. 检验气门密封性，常用且简单可行的方法是用（　　　）。

A. 水压
B. 煤油或汽油渗透
C. 口吸
D. 仪器

参考答案：B

※207. 水泵流出，经分水管－水套－出水口－水泵，进行的是（　　　）。

A. 大循环
B. 微循环
C. 小循环
D. 中循环

参考答案：C

208. （　　　）的功用就是将蓄电池的电能转变为机械能，产生转矩，启动发动机。

A. 启动系
B. 润滑系
C. 传动系
D. 发电机

参考答案：A

※209. 水泵在更换水封总成时，将水泵风扇轮毂装在台钳上夹紧，拆下（　　　），拧下叶轮紧固螺栓，拆下叶轮后，取出水封总成，进行更换。

A. 水泵壳
B. 水泵轴
C. 水泵盖
D. 静环总成

参考答案：A

※210. 通常进气门间隙是（　　　）mm。

A. 0.10～0.20
B. 0.25～0.30
C. 0.30～0.35
D. 0.40～0.45

参考答案：B

解题思路：本题考查考生对进气门间隙的认知，一般进气门间隙是0.25～0.30mm。

211. 节温器损坏会使冷却水温（　　　）。

A. 升高

B. 降低

C. 不变

D. 先升高后降低

参考答案：A

※212. 通常排气门间隙是（　　　）mm。

A. 0.10～0.20

B. 0.25～0.30

C. 0.30～0.35

D. 0.40～0.45

参考答案：C

解题思路：本题考查考生对排气间隙的认知，一般排气门间隙是0.30～0.35mm。

※213. 同一活塞环上漏光弧长所对应的圆心角总和不超过（　　　）。

A. 15°

B. 25°

C. 45°

D. 60°

参考答案：C

※214. 凸轮轴的弯曲变形是以凸轮轴中间轴颈对两端轴颈的（　　　）误差来衡量。

A. 轴向圆跳动

B. 径向圆跳动

C. 端面圆跳动

D. 以上都不是

参考答案：B

解题思路：本题考查考生对凸轮轴弯曲度测量的认知，所谓的弯曲度指的是径向间隙。

※215. 用曲轴转角表示的进、排气门开闭时刻和开启持续时间，称为（　　　）。

A. 气门重叠角

B. 气门锥角

C. 配气相位

D. 气门迟闭角

参考答案：C

解题思路：本题考查考生对配气相位的认知，所以选择C。

216. 气门弹簧拆装机是一种专门用于拆装（　　　）的工具。

A. 活塞环

B. 活塞销

C. 顶置式气门弹簧

D. 轮胎螺母

参考答案：C

217. 发动机产生爆震的原因是（　　）。

A. 压缩比过小　　　　　　　　　　B. 辛烷值过低

C. 点火过早　　　　　　　　　　　D. 发动机温度过低

参考答案：B

※218. 用质量为 0.25kg 的锤子沿曲轴轴向轻轻敲击连杆，连杆能沿轴向移动，且连杆大头两端与曲柄的间隙为（　　）mm。

A. 0.17～0.35　　　　　　　　　　B. 0.35～0.52

C. 0.52～0.69　　　　　　　　　　D. 0.69～0.86

参考答案：A

※219. 由于进气门（　　）和排气门（　　），就会出现有一段时间进、排气门同时开启的现象。

A. 早开　早开　　　　　　　　　　B. 早开　晚关

C. 晚开　早关　　　　　　　　　　D. 晚关　早开

参考答案：B

> **解题思路**：本题考查考生对配气重叠角的认知，为了使发动机进气更加充分，排气更加彻底，设计的时候，采用进气门早开和排气门晚关的方式。

※220. 运动型轿车和方程式赛车多采用的布置形式是（　　）。

A. 发动机后置后轮驱动　　　　　　B. 发动机中置后轮驱动

C. 发动机前置前轮驱动　　　　　　D. 发动机前置后轮驱动

参考答案：B

> **解题思路**：本题考查考生对赛车发动机布置的认识，为了使赛车在比赛时，汽车前后平衡，赛车一般采用发动机中置，后轮驱动的方式。

※221. 直列六缸四冲程发动机曲拐布置形式分为 1—5—3—6—2—4 和（　　）两种。

A. 1—2—3—4—5—6　　　　　　B. 1—6—2—4—3—5

C. 1—4—2—6—3—5　　　　　　D. 1—5—3—6—4—2

参考答案：C

> **解题思路**：本题考查考生对直列六缸四冲程发动机曲拐布置形式的认识，除了 1—5—3—6—2—4 这种排列方式外，还有 1—4—2—6—3—5。

※222. 直列四缸四冲程发动机曲拐布置形式分为 1－3－4－2 和（　　）两种。

A. 1－3－2－4　　　　　　　　B. 1－2－4－3

C. 1－4－2－3　　　　　　　　D. 1－2－3－4

参考答案：B

解题思路：本题考查考生对直列四缸四冲程发动机曲拐布置形式的认知，除了 1－3－4－2 外，还有 1－2－4－3 形式。

※223. 装复水泵时，水封环要放正，放好水封总成后，将泵叶轮方孔对准（　　）装入水泵。

A. 水泵轴扁方　　　　　　　　B. 水泵盖衬垫

C. 水泵盖　　　　　　　　　　D. 水泵壳

参考答案：A

※224. 按凸轮轴的布置形式分类，可分为上置凸轮轴式、（　　）式和下置凸轮轴式。

A. 侧置凸轮轴　　　　　　　　B. 中置气门式

C. 中置凸轮轴　　　　　　　　D. 顶置凸轮轴

参考答案：C

※225. 根据气缸的排列方式不同气缸体可分为直列式、水平对置式和（　　）式。

A. V 型　　　　　　　　　　　B. X 型

C. Y 型　　　　　　　　　　　D. 龙门式

参考答案：A

※226. 曲柄连杆机构由机体组、（　　）、曲轴飞轮组三部分组成。

A. 活塞组　　　　　　　　　　B. 活塞连杆组

C. 连杆组　　　　　　　　　　D. 活塞销组

参考答案：B

解题思路：本题考查考生对曲柄连杆机构组成的认知，曲柄连杆机构包括机体组、活塞连杆组和曲轴飞轮组三部分。

※227. （　　）的作用：防止曲轴箱内气压过高，机油渗漏，把渗入曲轴箱的蒸气引入气缸内燃烧，防止机油稀释。

A. 曲轴箱通风　　　　　　　　B. 强制通风

C. 自然通风 D. 活性碳罐

参考答案： A

> **解题思路：** 本题考查考生对曲轴箱强制通风系统的理解。虽然燃烧室和曲轴箱中间通过活塞环隔开，但是燃烧室里的汽油还是会通过活塞环泄漏到曲轴箱里，如果不把这些汽油烧掉，那么进入机油的汽油会稀释掉机油，使发动机运动件之间难以形成良好的油膜而使运动件之间提前磨损。同时，机油液面的升高会增加发动机运动时的阻力，从而导致经济性变差。

※228. 为了保证发动机气缸的进气充分、排气彻底，要求气门具有尽可能大的通过能力，因此发动机的进、排气门实际开启和关闭不是在活塞的上、下止点，而是适当的（　　）。

A. 提前 B. 迟后

C. 增大 D. 提前和迟后

参考答案： D

> **解题思路：** 本题考查考生对配气相位的认知。为了使发动机进气通畅和排气彻底，进、排气门通常都不是在上、下止点的时候打开和关闭，而是要早开和晚关，排气的晚关和进气的早开还会形成气门重叠。

1.1.2 判断题

※1. 安装正时皮带或正时链条及导链板，调整正时皮带张紧轮或正时链条张紧后标记有误，不用重新调整。（　　）

参考答案： 错

> **解题思路：** 正时皮带或者链条的正确安装关系着活塞上下往复运动和气门开闭的同步，如果装配错误会导致气门杆弯曲或者活塞顶破气缸盖。

※2. 按滤清方式不同，润滑系机油滤清器可分为过滤式和离心式两种。（　　）

参考答案： 对

※3. 按气缸体与油底壳安装平面位置不同分为：龙门式、隧道式、一般式。（　　）

参考答案： 对

4. 多缸发动机各气缸的总容积之和，称为发动机的排量。（　　）

参考答案： 错

5. 若发动机曲轴主轴承响，则其响声随发动机转速的提高而增大。（　　）

参考答案： 对

※6. 按曲轴和凸轮轴的传动形式分类，可分为齿轮式、铰链式、正时皮带式。（　　）

参考答案： 错

> **解题思路：** 曲轴和凸轮轴的连接方式分为齿轮式、链条式和皮带式。

7. 发动机气缸体所有结合平面可以有明显的轻微的凸出、凹陷、划痕。（　　）

参考答案： 错

8. 用连杆检验仪检验连杆变形时，若三点规的 3 个测点都与检验平板接触，则连杆发生弯曲变形。（　　）

参考答案： 错

※9. 采用液力挺杆的配气机构不需要预留气门间隙。（　　）

参考答案： 对

10. 点火过迟易使发动机产生爆震。（　　）

参考答案： 错

11. 发动机总成大修送修标志以气缸磨损程度为依据。（　　）

参考答案： 错

※12. 采用液压挺杆的配气机构必须留气门间隙。（　　）

参考答案： 错

> **解题思路：** 采用液压挺杆（液压挺柱）的配气机构不用留气门间隙，液压挺柱会自动补偿热胀冷缩的现象导致的气门间隙变化。

13. 气缸盖与气缸体可以同时用水压法检测裂纹。（　　）

参考答案： 对

14. 气门脚响和气门座圈异响统称为气门响。（　　）

参考答案： 对

※15. 粗滤器并联于润滑系内，用以滤去润滑油中较大的杂质。（　　　）

参考答案：错

> **解题思路**：粗滤器串联于润滑系内，用以滤去润滑油中较大的杂质。

※16. 顶置式配气机构按凸轮轴的布置形式可分为凸轮轴下置式、凸轮轴中置式和凸轮轴上置式。（　　　）

参考答案：对

17. 如果冷车时尾气不合格，而热车时合格了，说明三元催化转换器没故障。（　　　）

参考答案：对

18. 喷油器堵塞，会造成爆燃。（　　　）

参考答案：对

※19. 发动机的进、排气门实际开启和关闭恰好在活塞的上、下止点，无须提前和迟后。（　　　）

参考答案：错

> **解题思路**：为了使发动机进气充分，排气彻底，进、排气门采用早开晚关的结构。

20. 滤纸式烟度计只能检测柴油机废气。（　　　）

参考答案：对

21. 通常发动机凸轮轴只可修磨一次，应尽可能在凸轮轴磨床上修磨。（　　　）

参考答案：错

22. 用量缸表测量空气压缩机气缸的磨损情况，超过规定值，应换用新件或用修理尺寸法进行修复。（　　　）

参考答案：对

※23. 发动机的曲轴正时齿轮与凸轮轴正时齿轮的传动比是 2∶1。（　　　）

参考答案：对

> **解题思路**：发动机一个工作循环，曲轴转两圈，凸轮轴转一圈。

※24. 发动机工作时，活塞、活塞环都会发生热膨胀，所以不需要活塞环安装间隙。（　　）

参考答案：错

> **解题思路**：由于金属都有热胀冷缩的现象，所以都需要预留间隙。

25. 分电器点火系发生故障，如果故障指示灯点亮，应用解码器等仪器进行故障自诊断。（　　）

参考答案：对

26. 当发动机曲轴圆度和圆柱度误差超过 0.25mm 时，应按规定的修理尺寸进行修磨。（　　）

参考答案：错

27. 汽油机点火过早发出异响的原因是点火线圈温度过高。（　　）

参考答案：错

※28. 发动机活塞环安装间隙包括：端隙、侧隙和边隙。（　　）

参考答案：错

> **解题思路**：发动机活塞环安装间隙包括：端隙、侧隙和背隙。

29. 活塞环拆装钳是一种专门用于拆装气门弹簧的工具。（　　）

参考答案：错

30. 发动机爆燃易引起汽油机点火敲击声。（　　）

参考答案：对

※31. 发动机活塞在上止点时，第一道活塞环所对应的缸壁位置磨损量最大。（　　）

参考答案：对

※32. 发动机机油压力正常时，机油压力警告灯报警开关触点分开，报警灯亮。（　　）

参考答案：错

> **解题思路**：发动机机油压力正常时，机油压力警告灯报警开关触点分开，报警灯熄灭。

※33. 发动机机油黏度过低会引起机油压力过低。（　　）

参考答案：对

34. 安装活塞销时，先将活塞置于水中加热到 60～80℃ 取出。（　　）

参考答案：对

35. 对于大修发动机，要求进行一般磨合就可以了。（　　）

参考答案：对

※36. 发动机气缸套承孔内径修理尺寸的级差为 0.5mm，共三个级别。（　　）

参考答案：错

> **解题思路：**发动机气缸套承孔内径修理尺寸的级差为 0.25mm，共六个级别。

37. 发动机常见的异响主要有机械异响和燃烧异响。（　　）

参考答案：错

38. 连杆出现弯曲变形，可以继续使用。（　　）

参考答案：错

※39. 发动机润滑压力过高是由于主油道调压阀内弹簧压紧力过大。（　　）

参考答案：对

40. 汽油机点火过早发出异响的原因是点火线圈温度过高。（　　）

参考答案：错

※41. 发动机运转时，各运动零件的工作条件不同，所要求的润滑强度也不同，因而采取相同的润滑方式。（　　）

参考答案：错

> **解题思路：**发动机运转时，各运动零件的工作条件不同，所要求的润滑强度也不同，因而采取不同的润滑方式。

※42. 发动机纵向传出的转矩经驱动桥后，使其改变 60°后横向传出。（　　）

参考答案：错

> **解题思路：**发动机纵向传出的转矩经驱动桥后，使其改变 90°后横向传出。

43. 气缸体螺纹孔螺纹损坏多于 1 牙时需修复。（　　）

参考答案：错

※44. 干式气缸套的外表面可以与冷却水接触。（　　）

参考答案：错

解题思路：湿式气缸套的外表面可以与冷却水接触。

※45. 更换发动机润滑油时汽油机润滑油和柴油机润滑油，牌号相差不大时可以通用。（　　）

参考答案：错

解题思路：更换发动机润滑油时汽油机润滑油和柴油机润滑油，一般不可以通用。

46. 活塞环拆装钳是一种专门用于拆装气门弹簧的工具。（　　）

参考答案：错

※47. 更换发动机润滑油越多越好。（　　）

参考答案：错

解题思路：发动机机油的更换应该根据维修手册更换，频繁更换会导致资源浪费。

※48. 更换水泵的水封总成后不用进行漏水试验，检查各处应无漏水。（　　）

参考答案：错

解题思路：更换水泵的水封总成后必须进行漏水试验，检查各处应无漏水。

※49. 更换水泵的水封总成时应进行漏水试验，要求堵住水泵进出水口，将水注满叶轮腔，转动泵轴，检查各处应无漏水。（　　）

参考答案：对

50. 怠速太低，不影响发动机正常工作。（　　）

参考答案：错

※51. 机油滤清方法分为滤清器与主油道并联——全流式滤清；滤清器与主油道串联——分流式滤清两种。（　　）

参考答案：错

解题思路：本题考查考生对发动机润滑系统的相关知识，滤清器与主油道并联是分流式滤清器，而滤清器与主油道串联是全流式。

52. 气缸体和气缸盖焊修后应用水压法检查是否有渗漏，若有渗漏

应再次补焊。（　　）

参考答案：对

※53. 机油牌号中 10W/30 这种形式称为多级机油，可四季通用。（　　）

参考答案：对

※54. 机油压力开关用于检测发动机有无机油压力。（　　）

参考答案：对

※55. 将机油滤清器上的油压警告开关短路，机油警告灯会亮。说明机油压力开关损坏。（　　）

参考答案：对

※56. 节温器的开启与关闭形成了发动机冷却系大小循环。（　　）

参考答案：对

※57. 节温器是润滑系的重要组成部件。（　　）

参考答案：错

解题思路：本题考查考生对节温器作用的理解，节温器是发动机冷却系里的重要部件，它是发动机形成大、小循环的重要部件，而不是润滑系。

※58. 紧固发动机缸盖螺栓时要求自中间向两端交叉均匀拧紧到规定的拧紧力矩。（　　）

参考答案：对

※59. 连杆轴颈与轴承的配合间隙应符合汽车修理厂规定。（　　）

参考答案：错

解题思路：汽车维修过程中的参数要求都要符合国家规定，而不是修理厂规定。

※60. 目前我国发动机所使用的冷却液几乎都是乙二醇型冷却液。（　　）

参考答案：对

※61. 排放控制系统用于减少废气中有害气体 CO、HC 和 NO 进入大气。（　　）

参考答案：对

※62. 配气机构的作用是将可燃混合气或空气及时充入气缸，并及

时将气排出气缸。（　　）

参考答案：对

※63. 气门的密封性检查方法为划线法、拍击法、涂红丹油、渗油法。（　　）

参考答案：对

※64. 气门叠开是指由于进气门早开和排气门晚关，就会出现有一段时间进、排气门同时关闭的现象。（　　）

参考答案：错

解题思路：本题中考查考生对气门重叠角的认知，所谓的叠开是进、排气门同时打开的现象。

※65. 气门是用来打开或封闭进、排气道的。（　　）

参考答案：对

※66. 气门头部的形状有圆顶、凸顶、和凹顶三种结构形式。（　　）

参考答案：错

※67. 气门由头部和杆身两部分构成。（　　）

参考答案：错

※68. 气门与座圈的密封带宽度应符合原设计规定，一般为 1.2～2.0mm。（　　）

参考答案：对

※69. 强制通风是指曲轴箱油蒸气与大气直接参与相通。（　　）

参考答案：错

※70. 曲柄连杆机构在作功行程活塞承受燃烧气体产生的膨胀压力时，通过连杆使活塞销的直线运动变为曲轴的旋转运动，向外输出动力。（　　）

参考答案：错

※71. 曲轴的修理尺寸共计分为 13 个级别，常用的是前 8 个级别。（　　）

参考答案：对

※72. 曲轴通风分为自然通风、强制通风。（　　）

参考答案：对

※73. 三元催化转换（TWC）系统与废气再循环（EGR）系统可

统称为废气排放控制系统。（　　）

参考答案：对

※74. 三元催化转换器的作用是将废气中的 CO、HC 和 NO 转化为 CO_2、N_2 和水蒸气。（　　）

参考答案：错

※75. 三元催化转换器为一整体式结构，在其排气管中央的栅格网表面涂有催化器。（　　）

参考答案：对

※76. 散热器的作用是使发动机冷却水强制循环。（　　）

参考答案：错

※77. 使混合气变稀，从而提升了燃烧速度，燃烧温度随之下降。（　　）

参考答案：错

※78. 水泵的作用是对冷却水降压，促使冷却水系统中运动，以加强冷却效果。（　　）

参考答案：错

※79. 水泵流出，经分水管→水套→出水口→叶水泵，进行的是大循环。（　　）

参考答案：错

※80. 通常进气门的气门间隙为 $0.30\sim0.35$mm。（　　）

参考答案：错

※81. 同一活塞环上漏光弧长所对应的圆心角总和不超过 30°。（　　）

参考答案：错

※82. 统一式燃烧室具有发动机转动平稳、噪声小的特点。（　　）

参考答案：对

※83. 凸轮轴位置传感器向 ECU 输入凸轮轴转速信号，是点火和燃油喷射的主控信号。（　　）

参考答案：错

※84. 一般情况下，发动机冷却液三年不需要更换，只需要补充。（　　）

参考答案：错

※85. 乙二醇型冷却液易溶于水，加水可以任意配成各种冰点的冷

却液。（　　）

参考答案：对

※86. 用曲轴转角表示的进、排气门开闭时刻和开启持续时间，称为配气相位图。（　　）

参考答案：对

※87. 用质量为 0.25kg 的锤子沿曲轴轴向轻轻敲击连杆，连杆能沿轴向移动，且连杆大头两端与曲柄的间隙为 0.17～0.35mm。（　　）

参考答案：对

※88. 直列六缸四冲程发动机曲拐布置形式分 1－5－3－6－2－4 和 1－4－2－6－3－5 两种。（　　）

参考答案：对

※89. 直列四缸四冲程发动机曲拐布置形式分 1－3－4－2 和 1－2－4－3。（　　）

参考答案：对

※90. 属于气缸体腐蚀的主要原因的是使用了不符合要求的冷却液。（　　）

参考答案：对

※91. 装配时气缸盖螺栓扭紧力不均匀会导致气缸盖翘曲变形。（　　）

参考答案：对

※92. 自然通风是指用进气管的真空抽吸曲轴箱油气。（　　）

参考答案：错

※93. 发动机在使用中，任何水都可以直接作为冷却水加注。（　　）

参考答案：错

1.2　汽油机电控系统

1.2.1　单项选择题

※1.（　　）不是电控发动机燃油喷射系统的组成部分。

A. 空气系统

B. 燃油系统

C. 控制系统　　　　　　　　　　D. 空调系统

参考答案：D

> **解题思路**：发动机电控系统包括：进气系统、燃油系统和控制系统，而控制系统又包括：传感器、电脑和执行器。

※2.（　　）不是电控燃油喷射系统中空气供给系统的组成构件。

A. 进气管　　　　　　　　　　　B. 空气滤清器

C. 怠速旁通阀　　　　　　　　　D. 进气压力传感器

参考答案：D

> **解题思路**：本题考查考生对空气供给系统组成的认知，选项中只有最后一个不是属于空气供给系统，而是属于控制系统中的传感器部分。

3. 发动机启动后，应（　　）检查各仪表的工作情况是否正常。

A. 及时　　　　　　　　　　　　B. 迟后

C. 途中　　　　　　　　　　　　D. 熄火后

参考答案：A

※4.（　　）不是电控燃油系统的电子控制系统组成部分。

A. 节气门位置传感器　　　　　　B. 曲轴位置传感器

C. 怠速旁通阀　　　　　　　　　D. 进气压力传感器

参考答案：C

> **解题思路**：本题选项中，只有怠速旁通阀是属执行器部分，所以选择 C。

5. 电控发动机怠速不稳的原因是（　　）

A. 节气门位置传感器失效　　　　B. 曲轴位置传感器失效

C. 点火正时失准　　　　　　　　D. 氧传感器失效

参考答案：C

※6.（　　）用于检测节气门的开启角度。

A. 空气流量计　　　　　　　　　B. 节气门位置传感器

C. 进气温度传感器　　　　　　　D. 发动机转速传感器

参考答案：B

※7.（　　）用于建立燃油系统压力。

A. 油泵　　　　　　　　　　　　B. 喷油器

C. 油压调节器 　　　　　　　D. 油压缓冲器

参考答案：A

解题思路：发动机电控系统中的油泵是用来给燃油系统建立压力的。

8. 若电控发动机怠速不稳，首先应检查（　　）。

A. 故障诊断系统 　　　　　　B. 燃油压力

C. 喷油器 　　　　　　　　　D. 火花塞

参考答案：A

解题思路：发动机电控系统诊断应该遵循故障码优先的原则。

※9. 按进入气缸空气量的检测方法分，有直接检测和（　　）。

A. 压力检测型 　　　　　　　B. 间接检测型

C. 流量检测型 　　　　　　　D. 质量检测型

参考答案：B

解题思路：本题考查考生对电控系统中空气量的计量方式的认知，按照检测方式不同，分为直接检测（空气流量计）和间接检测（进气歧管绝对压力传感器）两种。

10. 电控发动机运转不稳故障原因有（　　）。

A. 进气压力传感器失效 　　　B. 曲轴位置传感器失效

C. 凸轮轴位置传感器失效 　　D. 氧传感器失效

参考答案：A

※11. （　　）可用来检查发动机冷却液的温度，作为喷油和点火正时的修正信号。

A. 温度传感器 　　　　　　　B. 空气流量传感器

C. 氧传感器 　　　　　　　　D. 压力传感器

参考答案：A

解题思路：冷却液温度传感器是用来测量发动机水温的，反映发动机热负荷给发动机电脑，用来修正喷油和点火。

12. 空气流量计失效，可能（　　）。

A. 发动机正常启动

B. 发动机不能正常启动

C. 无影响

D. 发动机正常启动、发动机不能正常启动、无影响均正确

参考答案： B

※13. 低阻抗喷油器的电阻值为（　　）Ω。

A. 2～3　　　　　　　　　　　B. 5～10

C. 12～15　　　　　　　　　　D. 50～100

参考答案： A

14. 偶发故障，可以模拟故障征兆来判断（　　）部位。

A. 工作　　　　　　　　　　　B. 故障

C. A、B均对　　　　　　　　　D. A、B均不正确

参考答案： B

※15. 电动燃油泵按安装形式可分为两种：（　　）和油箱内置型。

A. 齿轮式　　　　　　　　　　B. 转子式

C. 油箱外置型　　　　　　　　D. 叶片式

参考答案： C

> **解题思路：** 电动燃油泵的安装位置有内置（装在汽油箱里）和外置（装在汽油箱外），现在以内置为主。

16. 在读取故障代码之前，应先（　　）。

A. 检查汽车蓄电池电压是否正常

B. 打开点火开关，将它置于ON位置，但不要启动发动机

C. 按下超速挡开关，使之置于ON位置

D. 根据自动变速器故障警告灯的闪亮规律读出故障代码

参考答案： A

※17. 电动燃油泵的作用是把燃油从油箱中吸出、加压后输送到管路中，和燃油压力调节器配合建立合适的（　　）。

A. 系统压力　　　　　　　　　B. 燃油压力

C. 燃油流量　　　　　　　　　D. 以上都不是

参考答案： A

> **解题思路：** 燃油系统中，燃油泵是用来给系统加压的，而油压调节器是用来调压的。

18. 汽车专用示波器的波形，显示的是（　　）的关系曲线。

A. 电流与时间

B. 电压与时间

C. 电阻与时间

D. 电压与电阻

参考答案：B

> **解题思路**：汽车示波器波形一般横坐标代表时间，纵坐标代表电压。

※19. 电动燃油泵根据泵体的结构不同可分为：滚柱泵、（　　）、涡轮泵。

A. 齿轮泵

B. 转子泵

C. 柱塞泵

D. 叶片泵

参考答案：D

※20. 电控发动机可用（　　）检查进气压力传感器或电路是否有故障。

A. 油压表

B. 数字式万用表

C. 模拟式万用表

D. 油压表或数字式万用表

参考答案：B

21. 下列（　　）是发动机电子控制系统正确诊断的步骤。

A. 静态模式读取和清除故障代码—症状模拟—症状确认—动态故障代码检查

B. 静态模式读取和清除故障代码—症状模拟—动态故障代码检查—症状确认

C. 症状模拟—静态模式读取和清除故障代码—动态故障代码检查—症状确认

D. 静态模式读取和清除故障代码—症状确认—症状模拟—动态故障代码检查

参考答案：D

※22. 电控发动机燃油喷射系统中的怠速旁通阀是（　　）系统组成部分。

A. 供气

B. 供油

C. 控制

D. 空调

参考答案：A

> **解题思路**：本题考查考生对怠速旁通阀的认知，怠速旁通阀是用来控制发动机进气量的，所以应该选择 A。

23. 检测电控燃油喷射系统燃油压力时，应将油压表接在供油管和（　　）之间。

A. 燃油泵　　　　　　　　　　B. 燃油滤清器

C. 分配油管　　　　　　　　　D. 喷油器

参考答案：C

※24. 电控燃油系统空气供给系统中，检测进气压力的是（　　）。

A. 怠速旁通阀　　　　　　　　B. 进气压力传感器

C. 空气滤清器　　　　　　　　D. 进气管

参考答案：B

25. 电控发动机加速不良的原因有进气管真空渗漏、喷油器工作不稳定或（　　）。

A. 电动汽油泵不工作　　　　　B. 曲轴位置传感器失效

C. 燃油滤清器脏污　　　　　　D. 爆震传感器失效

参考答案：C

※26. 电容式进气压力传感器输出信号的（　　）与进气歧管内的绝对压力成正比。

A. 幅度　　　　　　　　　　　B. 周期

C. 频率　　　　　　　　　　　D. 电压

参考答案：D

※27. 发动机废气再循环系统的 EGR 率，可通过反馈装置进行精确控制，其反馈元件包括发动机进气腔装置传感器、（　　）、废气再循环阀的开度传感器。

A. 发动机转速传感器　　　　　B. EGR 废气温度传感器

C. 发动机排气温度传感器　　　D. 进气温度传感器

参考答案：B

※28. 发动机在正常工作情况下，涡轮排气的温度可达（　　）℃。

A. 600～1200　　　　　　　　B. 600～1000

C. 800～1200　　　　　　　　D. 600～900

参考答案：D

※29. 发动机正常工作时，涡轮增压器的转速在（　　）r/min。

A. 80000～120000

B. 8000～12000

C. 800～1200

D. 600～900

参考答案： A

30. 电控发动机不能启动或不着车的原因是（　　）。

A. 点火正时失准

B. 线路接触不良

C. 喷油器漏油

D. 进气管真空渗漏

参考答案： A

31. 若电控发动机不能启动或不着车首先检查（　　）。

A. 诊断系统

B. 燃油压力

C. 喷油器

D. 火花塞

参考答案： A

※32. 废气涡轮全部（　　）用于驱动与涡轮机同轴旋转的压气机工作叶轮，按压气机中将新鲜空气压缩后再送入气缸。

A. 功率

B. 扭矩

C. 动力

D. 能量

参考答案： A

33. QFC-4 型微电脑发动机综合分析仪可判断汽油机（　　）。

A. 气缸压力

B. 燃烧状况

C. 混合气形成状况

D. 排气状况

参考答案： A

※34. 废气涡轮与压气机通常装成一体，称为（　　）。

A. 组合式涡轮增压器

B. 复合式废气涡轮增压器

C. 机械式涡轮增压器

D. 废气涡轮增压器

参考答案： D

※35. 废气涡轮增压器是利用发动机排出的具有一定能量的废气进涡轮膨胀（　　）。

A. 进气

B. 压缩

C. 作功

D. 排气

参考答案： C

解题思路：本题考查考生对废气涡轮增压系统的认知，废气（其实应该叫尾气）排出的时候具有一定的能量，该系统就是利用这个能量来驱动同轴的压气机，使进入气缸的空气先被压缩后再进入气缸燃烧。

36. 电控发动机加速无力的故障现象是（　　）。

A. 发动机怠速不平稳，且易熄火

B. 加速时发动机消声器有"放炮"声

C. 发动机工作时好时坏

D. 车辆行驶中加速力燃油消耗量过大

参考答案：D

37. EFI 主继电器电源失效，可以造成（　　）。

A. 不能制动

B. 不能转向

C. 发动机不能启动

D. 不能制动、不能转向、发动机不能启动均正确

参考答案：C

※38. 废气再循环 EGR 系统的作用是将一部分废气引入进气系统，与新鲜的燃油混合气混合，使混合气变稀，从而降低燃烧速度，燃烧温度下降，从而有效地减少（　　）生成。

A. C

B. O_2

C. CO_2

D. NO_x

参考答案：D

解题思路：本题考查考生对废气再循环 EGR 系统的认知，该系统的作用是降低氮氧化物（NO_x）的产生。

※39. 废气再循环 EGR 系统可分为普通型电子 EGR 控制系统、可变 EGR 控制系统、带压力反馈电子 PFE 传感器的 EGR 控制系统、（　　）和带 EGR 位置传感器的控制系统。

A. 机械 EGR 控制系统

B. 真空式 EGR 控制系统

C. 带压差反馈电子 DPFE 传感器的 EGR 控制系统

D. 不带压差反馈式电子 DPFE 传感器的 EGR 控制系统

参考答案：C

40. 电控发动机怠速不稳的故障现象是（　　）。

A. 发动机怠速不平稳，且易熄火

B. 发动机转速忽高忽低

C. 发动机工作时好时坏

D. 燃油消耗量过大

参考答案：A

41. 如果是发动机完全不能启动，并且毫无着火迹象，一般是由于燃油没有喷射引起的，需要检查（　　）。

A. 转速信号系统　　　　　　　　　B. 火花塞

C. 启动机　　　　　　　　　　　　D. 点火线圈

参考答案：A

※42. 高阻抗喷油器的电阻值为（　　）Ω。

A. 2～3　　　　　　　　　　　　　B. 5～10

C. 12～15　　　　　　　　　　　　D. 50～100

参考答案：C

43. 电控发动机故障的诊断原则是（　　）。

A. 先内后外　　　　　　　　　　　B. 先外后内

C. 先繁后简　　　　　　　　　　　D. 先上后下

参考答案：B

※44. 关于废气再循环 EGR 系统，下列说法中不正确的是（　　）。

A. 传统机械式废气再循环的 EGR 率可达 20%

B. 传统机械式废气再循环有 EGR 与内 EGR 两类型

C. 利用发动机可变气门系统可实现无外部专用装置的 EGR 循环

D. 排气背压式 EGR，只能对废气再循环阀门的运作起修正作用

参考答案：A

※45. 间接测量型有（　　）方式和速度-密度方式两种。

A. 节流-速度　　　　　　　　　　B. 节流-密度

C. 压力-速度　　　　　　　　　　D. 压力-密度

参考答案：A

※46. 间歇性燃油喷射系统按喷油器控制方式又可以分为同时喷射、（　　）和顺序喷射。

A. 单点喷射　　　　　　　　　　B. 多点喷射

C. 分组喷射　　　　　　　　　　D. 连续喷射

参考答案：C

> **解题思路：**本题考查考生对喷射方式的认知。喷油器按照控制方式不同分为同时喷射（每一个气缸的喷油器同时喷油）、分组喷射（两个气缸一起喷油）和顺序喷油（按照做功顺序依次喷油）。

参考答案：A

※47. 节气门位置传感器的作用是检测节气门的开度状态，如（　　　）状态。

A. 怠速　　　　　　　　　　　　B. 全开

C. 部分打开　　　　　　　　　　D. 以上都对

参考答案：D

※48. 节气门位置传感器断路会导致（　　　）。

A. 不易启动　　　　　　　　　　B. 加速不良

C. 减速熄火　　　　　　　　　　D. 飞车

参考答案：B

> **解题思路：**节气门位置传感器的作用主要是提供给电脑节气门的开度和节气门开闭的速度，如果没有这个信号的话，会导致发动机加速不良。

※49. 节气门位置传感器失效会引起（　　　）。

A. 不易启动　　　　　　　　　　B. 怠速不稳

C. 进气量过大　　　　　　　　　D. 进气量过小

参考答案：B

50. 进气温度传感器安装在（　　　）。

A. 进气道上　　　　　　　　　　B. 排气管上

C. 水道上　　　　　　　　　　　D. 油底壳上

参考答案：A

> **解题思路：**本题考查考生对进气温度安装位置的认知。一般情况下，该传感器安装在发动机进气道上，有些系统把该传感器和空气流量计结合在一起。

※51. 进气温度传感器输出的是（　　　）。

A. 脉冲信号   B. 数字信号

C. 模拟信号   D. 固定信号

参考答案：C

> **解题思路：**进气温度传感器是一个负温度系数热敏电阻，它的电阻值会随着进气温度的升高而降低，所以它的信号是模拟信号。

※52. 冷却液温度传感器安装在（   ）。

A. 进气道上   B. 排气管上

C. 水道上   D. 油底壳上

参考答案：C

53. 电控发动机继电器电源断，可以引起（   ）。

A. 发动机正常启动   B. 发动机不能正常启动

C. 燃油消耗量过大   D. 以上均正确

参考答案：B

54. 发动机电子控制系统故障诊断目前常用的方法有（   ）和利用诊断仪器进行诊断。

A. 人工诊断   B. 读取故障码

C. 经验诊断   D. 自诊断

参考答案：A

※55. 冷却液温度传感器的输出信号是（   ）。

A. 脉冲信号   B. 数字信号

C. 模拟信号   D. 固定信号

参考答案：C

> **解题思路：**水温传感器和进气温度传感器一样也是一个负温度系数热敏电阻，所以它的信号是模拟信号。

※56. 目前汽车电控系统中广泛应用的进气歧管压力传感器是（   ）。

A. 膜盒传动式可变电感式   B. 表面弹性波式

C. 电容式   D. 以上都不对

参考答案：C

> **解题思路：**本题考查考生对进气歧管绝对压力传感器的认知，该传感器的实质是四个应变电阻片组成惠斯顿电桥，进气压力的变化会导致输出电压的变化，从而间接反映发动机的进气量。

57. 若电控发动机加速力首先应检查（　　）。

A. 加速器联动拉索　　　　　　　B. 故障诊断系统

C. 喷油器　　　　　　　　　　　D. 火花塞

参考答案：B

※58. 目前应用的电磁喷油器主要是（　　）。

A. 轴针式　　　　　　　　　　　B. 球阀式

C. 片阀式　　　　　　　　　　　D. 以上都对

参考答案：D

※59. 喷油器按电磁线圈的控制方式不同，可分为（　　）式和电流驱动式两种。

A. 电阻驱动　　　　　　　　　　B. 电压驱动

C. 电容驱动　　　　　　　　　　D. 以上都不是

参考答案：B

60. 电控发动机故障诊断原则，包括（　　）。

A. 先生后熟

B. 先熟后生

C. 先生后熟、先熟后生均对

D. 先生后熟、先熟后生均不正确

参考答案：B

※61. 汽车涡轮增压器的正确使用方法是：（　　）和发动机的正确熄火。

A. 正确的驾驶方法

B. 发动机的正确保养

C. 发动机的正确预热

D. 正确使用齿轮油

参考答案：C

※62. 汽车涡轮增压器正确使用方法是：（　　）和保持正常的润滑油系统机油压力。

A. 正确使用发动机燃油　　　　　B. 正确使用发动机机油

C. 正确使用变速器油　　　　　　D. 正确使用齿轮油

参考答案：B

63. （　　）故障，可以模拟故障征兆来判断故障部位。

A. 偶发   B. 继发

C. 偶发、继发均对   D. 偶发、继发均不正确

参考答案：A

※64. 曲轴位置传感器是发动机电子控制系统中最重要的传感器之一，它提供点火时刻（点火提前角）、确认（   ）的信号。

A. 活塞位置   B. 曲轴位置

C. 凸轮轴位置   D. 飞轮位置

参考答案：B

解题思路：本题考查考生对曲轴位置传感器的认知，它的作用有两个，一个是提供发动机转速给电脑，二是提供曲轴转角给电脑。

※65. 曲轴位置传感器所采用的结构随车型号不同而不同，可分为磁脉冲式、（   ）和霍尔式三大类。

A. 电磁式   B. 光电式

C. 离心式   D. 电阻式

参考答案：B

66. 电控发动机常用诊断方法，有（   ）法。

A. 人工经验诊断   B. 水压检查

C. 空气压缩机检验   D. 以上均正确

参考答案：A

※67. 曲轴位置传感器用于检测活塞上止点、（   ）及发动机转速。

A. 压缩行程上止点   B. 压缩行程下止点

C. 曲轴转角   D. 凸轮轴转角

参考答案：C

解题思路：本题考查考生对曲轴位置传感器的认知，该传感器检测1缸和4缸活塞上止点信号（对于4缸发动机而言）、发动机转速和曲轴转角信号。

※68. 曲轴位置传感器在发动机工作时，提供活塞到达（   ）一定时产生的信号。

A. 压缩行程上止点前   B. 压缩行程上止点后

C. 进气行程上止点前   D. 进气行程上止点后

参考答案：A

解题思路：本题考查考生对曲轴位置传感器信号产生的认知。该传感器提供给电脑 1 缸或者 4 缸压缩行程上止点前某一个角度的信号，让电脑开始计数，从而实现电脑对点火和喷油等的精确控制。

69. 下列（　　）属于发动机电子控制系统利用仪器诊断最准确的方法。

A. 读取数据流　　　　　　　　　　B. 读取故障码

C. 经验诊断　　　　　　　　　　　D. 自诊断

参考答案：A

70. 发动机（　　）启动，是由 EFI 主继电器电源失效造成的。

A. 正常　　　　　　　　　　　　　B. 不能

C. 勉强　　　　　　　　　　　　　D. 以上均正确

参考答案：B

※71. 如果水温传感器失效，会导致（　　）。

A. 不易启动　　　　　　　　　　　B. 怠速不稳

C. 进气温度过高　　　　　　　　　D. 进气温度过低

参考答案：B

※72. 如进气温度传感器失效引起（　　）。

A. 不易启动　　　　　　　　　　　B. 怠速不稳

C. 进气温度过高　　　　　　　　　D. 进气温度过低

参考答案：B

※73. 凸轮轴位置传感器的作用采集配气凸轮轴的位置信号，并输入 ECU，以使 ECU 识别（　　），从而进行顺序喷油控制、点火时刻和爆燃控制。

A. 1 缸压缩上止点　　　　　　　　B. 2 缸压缩上止点

C. 3 缸压缩上止点　　　　　　　　D. 4 缸压缩上止点

参考答案：A

解题思路：本题考查考生对凸轮轴位置传感器的认知。为了实现顺序喷油和独立点火等功能，凸轮轴位置传感器主要提供给电脑 1 缸压缩上止点前的信号电压。

※74. 凸轮轴位置传感器又称为（　　）传感器。

A. 活塞位置　　　　　　　　　　　B. 曲轴位置

C. 气缸识别
D. 转速

参考答案：C

> **解题思路**：本题主要考查考生对凸轮轴位置传感器的认知，该传感器的作用主要是判定发动机 1 缸的位置。

※75. 涡轮增压器按增压方式分类，有废气涡轮增压器、（　　　）和组合式涡轮增压器。

A. 机械式涡轮增压器
B. 复合式涡轮增压器
C. 电涡轮增压器
D. 以上都不是

参考答案：B

76. 检测电控燃油发动机燃油泵工作电压时，蓄电池电压、（　　　）、燃油滤清器和燃油泵继电器均为正常。

A. 点火线圈电压
B. 发电机电压
C. 燃油泵熔丝
D. 油压调节器

参考答案：C

※77. 涡轮增压器的组成由涡轮、（　　　）、转子总成、轴承机构、中间体和密封装置等组成。

A. 导轮
B. 泵轮
C. 压气机
D. 喷油泵

参考答案：B

※78. 涡轮增压器工作原理，是利用发动机排出的（　　　）废气驱动废气涡轮旋转，废气涡轮带动同一轴上的压气机共同旋转。

A. 高温
B. 高温高压
C. 高压
D. 高温低压

参考答案：B

> **解题思路**：本题是考查考生对废气涡轮增压系统中废气的认知。由于发动机燃烧以后的高温高压废气中含有能量，所以该系统就是利用这个能量去压缩空气，然后让发动机多进气，从而使发动机爆发出更多的动力。

※79. 压气机压缩经过空滤器过滤后的空气，使得空气被压缩后增压进入（　　　）气缸内，提高了发动机的进气量，减少了废气中 CO、HC、NO 等有害物质的排放。

A. 发动机　　　　　　　　　　B. 发电机

C. 空压机　　　　　　　　　　D. 压气机

参考答案：A

> **解题思路**：本题考查考生对废气涡轮增压系统气路的认知。空气经过空气滤清器（空气格）去除杂质后，进入压气机叶轮增压后，进入中冷器（降低增压后空气的温度，增加空气质量），最后进入发动机气缸。

※80. 氧传感器的作用是检测燃烧废气中的氧分子的浓度并转换为电信号输送给发动机（　　　）。

A. CPU　　　　　　　　　　B. RAM

C. ROM　　　　　　　　　　D. ECU

参考答案：D

> **解题思路**：本题考查考生对氧传感器作用的认知。该传感器的实质是一个氧浓度电池，发动机工作时，随着尾气中氧气含量的不同，从而导致该传感器信号电压的变化。

※81. 氧传感器检测发动机排气中氧的含量，向 ECU 输入空燃比反馈信号，进行喷油量的（　　　）。

A. 开环控制　　　　　　　　B. 闭环控制

C. 控制　　　　　　　　　　D. 开环或闭环控制

参考答案：B

> **解题思路**：本题考查考生对闭环控制的认知，氧传感器是一个反馈传感器，它反映的是尾气中氧气的含量多少，从而间接反映发动机内混合气的浓稀。

※82. 氧化锆型氧传感器的输出特性与（　　　）有关。

A. 排气压力　　　　　　　　B. 排气温度

C. 气体中氧含量　　　　　　D. 废气中氧含量

参考答案：D

> **解题思路**：本题考查考生对氧化锆型氧传感器作用的认知。氧传感器主要是检测尾气中氧气的含量，从而判断混合气的浓稀程度。

※83. 氧化钛型氧传感器具有（　　　）个二氧化钛元件。

A. 1   B. 2

C. 3   D. 4

参考答案： B

※84. 直接检测型包括体积流量式和（　　　）方式两种。

A. 压力流量   B. 间接检测

C. 直接检测   D. 质量流量

参考答案： D

解题思路： 本题考查考生对发动机进气测量方式的认知。根据检测方式不同，分为体积流量和质量流量两种。

※85.（　　　）能够识别哪一气缸即将到达上止点，因此称为气缸识别传感器。

A. 节气门位置传感器   B. 曲轴位置传感器

C. 爆震传感器   D. 凸轮轴位置传感器

参考答案： D

解题思路： 本题考查考生对凸轮轴位置传感器作用的认知，凸轮轴位置传感器主要是检测 1 缸压缩上止点的位置。

1.2.2　判断题

※1. 按喷油的持续性分类，电控燃油喷射系统分为连续喷射性和间歇喷射性两类。（　　　）

参考答案： 对

2. 检测压电式爆震传感器应选用汽车用万用表直流电压挡。（　　　）

参考答案： 错

3. 电控发动机运转不稳的原因有曲轴位置传感器失效。（　　　）

参考答案： 错

※4. 按喷油器和气缸数量来分，有单点燃油喷射和两点燃油喷射系统。（　　　）

参考答案： 错

解题思路： 除了单点喷射（所有气缸共用一个喷油器）还有多点喷射（一个气缸一个喷油器）。

※5. 电磁继电器是发动机电控燃油喷射系统执行机构中的一个关键部件。（ ）

参考答案：错

> **解题思路**：本题应该是电磁喷油器而不是电磁继电器。

※6. 电磁喷油器按电磁线圈阻值的大小可分为高阻抗型和低阻抗型两种。（ ）

参考答案：对

7. 加速发抖会造成电控汽车驾驶性能不良。（ ）

参考答案：对

8. 若汽油机燃料消耗量过大，可检查真空管路是否密封不良。（ ）

参考答案：对

※9. 电动燃油泵可以根据发动机转速的变化而改变油泵。（ ）

参考答案：错

> **解题思路**：一般汽油泵的发动机转速是固定的，所以汽油供油量是不可以调节的。

10. 读出故障代码的方法首先是打开点火开关，将它置于 ON 位置，并且启动发动机。（ ）

参考答案：错

11. 汽车加速力故障原因离合器打滑。（ ）

参考答案：对

※12. 电动燃油泵只安装在油箱内。（ ）

参考答案：错

※13. 电控发动机采用氧传感器反馈控制，能进一步精确控制点火时刻。（ ）

参考答案：错

> **解题思路**：氧传感器的作用主要是用来反馈空燃比，让发动机燃烧得更加充分。

※14. 电控燃油喷射（EFI）主要包括喷油量、喷油正时、燃油停供和燃油泵的控制。（ ）

参考答案：对

15. 电控发动机消声器放炮的原因有节气门位置传感器失效。（　　）

参考答案： 对

16. 进气管真空渗漏、喷油器工作不稳定能引起电控发动机加速不良。（　　）

参考答案： 对

※17. 对水温表的传感器进行检验时，应将传感器置于 40℃ 或 100℃ 标准水温中，若水温表出现偏差，可调整传感器触点螺钉进行调整。（　　）

参考答案： 错

> **解题思路：** 水温传感器是不能调整的。

18. 若电控发动机工作不稳定，且有故障码，则要检查的传感器有进气压力传感器。（　　）

参考答案： 对

※19. 发动机在正常工作情况下，涡轮排气的温度可达 600～900℃。（　　）

参考答案： 对

20. 汽车加速无力故障原因是离合器打滑。（　　）

参考答案： 对

※21. 发动机在正常工作情况下，涡轮增压器的转速在 8000～12000r/min。（　　）

参考答案： 错

> **解题思路：** 涡轮转速每分钟可以达到 10 万转左右。

※22. 废气涡轮的全部功率用于驱动与涡轮机同轴旋转的压气机工作叶轮，在压气机中将废气压缩后再送入气缸。（　　）

参考答案： 错

> **解题思路：** 废气涡轮系统是把进入压气机的空气压缩后再送入气缸。

23. 加速发抖不会造成电控汽车驾驶性能不良。（　　）

参考答案： 错

※24. 废气涡轮与压气机通常装成一体。（　　）

参考答案： 对

※25. 高阻抗喷油器的电阻值约为 0.8～1.5Ω。（　　）

参考答案： 错

解题思路： 高阻抗喷油器的电阻值为 13Ω～18Ω。

26. 电控发动机故障诊断原则包括先简后繁。（　　）

参考答案： 对

※27. 空气流量计是一种间接的检测空气流量的传感器。（　　）

参考答案： 错

解题思路： 空气流量计是一种直接的检测空气流量的传感器。

※28. 空气流量计用于检测发动机运转时吸入的空气量。（　　）

参考答案： 对

29. 读取故障代码是发动机电子控制系统利用仪器诊断最准确的方法。（　　）

参考答案： 错

※30. 空气压力传感器是电控发动机空气供给系统中的重要部件。（　　）

参考答案： 错

解题思路： 进气歧管绝对压力传感器是电控发动机空气供给系统中的重要部件。

※31. 冷却水温正常时，水温过高报警灯报警开关的双金属片几乎不变形，触点分开，报警灯不亮。（　　）

参考答案： 对

32. 读取故障代码，既可以用解码器直接读取，也可以通过警告灯读取故障代码。（　　）

参考答案： 对

※33. 冷却液温度传感器安装在水道上。（　　）

参考答案： 对

※34. 冷却液温度传感器用来检查冷却液的温度，作为燃油喷射及点火正时的主控信号。（　　）

参考答案： 错

解题思路：冷却液温度传感器用来检查冷却液的温度，作为燃油喷射及点火正时的修正信号。

35. 怠速太低，影响发动机正常工作。（　　）

参考答案：对

※36. 曲轴位置传感器检测曲轴转角信号输入 ECU 作为点火控制主控信号，而不作为喷射信号。（　　）

参考答案：错

解题思路：曲轴位置传感器检测曲轴转角信号输入 ECU 作为点火控制和喷油控制主控信号。

※37. 曲轴位置传感器能够识别哪一个缸活塞即将到达上止点，被称为气缸识别传感器。（　　）

参考答案：错

解题思路：本题考查考生对凸轮轴位置传感器作用的认知。

38. 电控系统接触不良，不能导致发动机工作不稳。（　　）

参考答案：错

※39. 曲轴位置传感器用于检测活塞上止点、曲轴转角和车速。（　　）

参考答案：错

解题思路：曲轴位置传感器只能检测发动机转速，不能检测车速。

※40. 燃油压力调节器是电控发动机空气供给系统的组成部分。（　　）

参考答案：错

解题思路：燃油压力调节器是电控发动机燃油供给系统的组成部分，而不是空气供给系统。

※41. 为确保安全，燃油表传感器的电阻末端绝对不要搭铁。（　　）

参考答案：错

解题思路：本题考查考生对燃油表传感器电路的认知，电阻末端可以搭铁。

※42. 涡轮增压器按增压方式分为废气涡轮增压器和组合式涡轮增压器两种。（　　）

参考答案：错

※43. 压气机压缩由空气滤清器过滤后的空气，使空气被压缩后增压进入发动机气缸内，提高发动机进气量的装置，以减少废气中 CO_2、HC、Cl 等有害物的排放。（　　）

参考答案：错

> **解题思路：**本题考查考生对废气涡轮增压系统作用的认知。废气涡轮增压系统的作用是提高进入发动机的空气量，从而提高发动机功率，并不能减少尾气的排放。

※44. 氧化钛型氧传感器有 3 个二氧化钛元件。（　　）

参考答案：错

※45. 翼板式空气流量传感器通常安装在电动机上。（　　）

参考答案：错

> **解题思路：**本题中翼板式空气流量计的安装位置在发动机进气道上。

※46. 车速传感器和节气门位置传感均可作为 EGR 系统的闭环反馈器件。（　　）

参考答案：错

> **解题思路：**本题中车速传感器不能作为 EGR 系统的闭环反馈器件。

※47. 车用压力传感器主要是排气管压力传感器。（　　）

参考答案：错

> **解题思路：**排气管压力传感器不是汽车主要的传感器。

1.3　柴油发动机部分

1.3.1　单项选择题

※1. 泵喷嘴组成包括驱动部分、压力产生部分、（　　）、喷嘴。

A. 高压油管 　　　　　　　　　　B. 控制部分

C. 输油泵 　　　　　　　　　　　D. 输油管

参考答案： B

> **解题思路：** 一般柴油机被称为泵管嘴，如果把柴油机供油泵和喷油嘴组合在一起就叫做泵喷嘴。

2. 汽油机的爆震响声，柴油机的工作粗暴声属于（　　）异响。

A. 机械 　　　　　　　　　　　　B. 燃烧

C. 空气动力 　　　　　　　　　　D. 电磁

参考答案： B

※3. 四冲程柴油机工作时，柴油在（　　）时进入气缸。

A. 进气行程 　　　　　　　　　　B. 接近压缩行程终了

C. 接近做功行程终了 　　　　　　D. 排气行程

参考答案： B

> **解题思路：** 本题考查考生对柴油机工作原理的认知，柴油是柴油机在接近压缩行程终了的时候才喷入燃烧室中的。

4. 在启动柴油机时排气管不排烟，这时将喷油泵放气螺钉松开，扳动手油泵，观察泵放气螺钉是否流油，若不流油或有气泡冒出，表明（　　）。

A. 低压油路有故障 　　　　　　　B. 高压油路有故障

C. 回油油路有故障 　　　　　　　D. 高、低压油路都有故障

参考答案： A

※5. 四冲程柴油机在进气行程时进入到气缸内的是（　　）。

A. 空气 　　　　　　　　　　　　B. 柴油

C. 汽油 　　　　　　　　　　　　D. 可燃混合气

参考答案： A

> **解题思路：** 本题考查考生对两种内燃机差别的认知，汽油机进入气缸的是汽油和空气的混合气，而柴油机进入气缸的是纯空气，柴油是直接被喷入燃烧室的，类似于汽油机的缸内直喷系统。

6. 柴油机动力不足，这种故障往往伴随着（　　）。

A. 气缸敲击声 　　　　　　　　　B. 气门敲击声

C. 排气烟色不正常　　　　　　　　D. 排气烟色正常

参考答案： C

※7. 柴油发动机的（　　）开始压油到上止点为止的曲轴转角称为喷油提前角。

A. 机油泵　　　　　　　　　　　　B. 汽油泵

C. 输油泵　　　　　　　　　　　　D. 喷油泵

参考答案： D

解题思路： 本题考查考生对喷油提前角的认知水平，柴油机喷油泵从开始压油到上止点需要一定的时间，所以喷油要提前。这个道理类似于汽油机火花塞点火，也要提前，因为从火花塞点火到全部引燃整个燃烧室需要一定时间，所以火花塞要在活塞到达压缩上止点前就点火。

8. 柴油发动机燃油油耗超标的原因是（　　）。

A. 配气相位失准　　　　　　　　　B. 气缸压力低

C. 喷油器调整不当　　　　　　　　D. 机油变质

参考答案： C

※9. 柴油机的混合气形成与燃烧是在（　　）。

A. 进气管　　　　　　　　　　　　B. 输油泵

C. 燃烧室　　　　　　　　　　　　D. 喷油器

参考答案： C

解题思路： 本题考查考生对柴油机燃烧原理的认知，柴油机的形成和燃烧都是在燃烧室中完成的。

10. 发动机转速升高，供油提前角应（　　）。

A. 变小　　　　　　　　　　　　　B. 变大

C. 不变　　　　　　　　　　　　　D. 随机变化

参考答案： B

※11. 柴油机的喷油过程包括：进油过程、（　　）、喷油过程、停油过程。

A. 输油过程　　　　　　　　　　　B. 增压过程

C. 压油过程　　　　　　　　　　　D. 保压过程

参考答案： C

12.（　　）属于压燃式发动机。

A. 汽油机 　　　　　　　　　B. 煤气机

C. 柴油机 　　　　　　　　　D. 以上均不对

参考答案：C

※13. 柴油机的燃烧过程包括（　　）、速燃期、缓燃期和后燃期。

A. 备燃期 　　　　　　　　　B. 快燃期

C. 爆燃期 　　　　　　　　　D. 着火落后期

参考答案：A

※14. 柴油机电控泵喷嘴将喷油泵、喷油嘴和（　　）组合为一体，没有高压油管，每一缸一组泵喷嘴。

A. 喷油器 　　　　　　　　　B. 输油管

C. 电磁阀 　　　　　　　　　D. 输油泵

参考答案：C

解题思路： 本题考查考生对柴油机泵喷嘴结构的认知，所谓的"泵喷嘴"就是把喷油泵、喷油嘴和电磁阀组合在一起，中间没有了高压油管。

15. 柴油机动力不足，这种故障往往伴随着（　　）。

A. 气缸敲击声 　　　　　　　B. 气门敲击声

C. 排气烟色不正常 　　　　　D. 排气烟色正常

参考答案：C

※16. 柴油机电控泵喷嘴将喷油泵、喷油嘴、和电磁阀组合为一体，没有（　　），每一缸一组泵喷嘴。

A. 高压油泵 　　　　　　　　B. 输油管

C. 高压油管 　　　　　　　　D. 输油泵

参考答案：C

※17. 柴油机电控系统的类型分为（　　）和闭环控制。

A. 开路控制 　　　　　　　　B. 开环控制

C. 闭路控制 　　　　　　　　D. 循环控制

参考答案：B

解题思路： 本题考查考生对柴油机电控系统类型的认知，题目中有闭环控制，那么与之相对应的一定是开环控制。

18. 新 195 和 190 型柴油机是通过增减喷油泵与机体之间的铜垫片来调整供油提前角的；减少垫片，供油时间变（   ）。

A. 晚　　　　　　　　　　　　B. 早

C. 先早后晚　　　　　　　　　D. 先晚后早

参考答案： B

19. 柴油发动机喷油器未调试前，应做好（   ）使用准备工作。

A. 喷油泵试验台　　　　　　　B. 喷油器试验台

C. 喷油器清洗器　　　　　　　D. 压力表

参考答案： B

※20. 柴油机电控系统基本组成包括：传感器、（   ）、ECU。

A. 电脑　　　　　　　　　　　B. 执行元件

C. 喷油器　　　　　　　　　　D. 喷油泵

参考答案： B

> **解题思路：** 本题考查考生对柴油机电控系统的组成认知，凡是汽车的电控系统都是由传感器、电脑和执行元件组成的。

※21. 柴油机电控系统基本组成包括：传感器、（   ）、执行元件。

A. CPU　　　　　　　　　　　B. RAM

C. ROM　　　　　　　　　　　D. ECU

参考答案： D

> **解题思路：** 本题考查考生对柴油机电控系统三要素的认知，不管是汽油机还是柴油机，电控系统主要是由传感器、电脑（ECU）和执行元件组成的。

22. 在喷油器试验台对喷油器进行密封性检查时，当喷油器压力上升至（   ）MPa 时停止压油。

A. 15　　　　　　　　　　　　B. 23

C. 20.4　　　　　　　　　　　D. 25

参考答案： C

1.3.2　判断题

※1. 泵喷嘴组成驱包括动力部分、压力产生部分、控制部分、喷

嘴。（　　　）

参考答案：对

2. 柴油发动机超速、超负荷工作会引起燃油消耗过大。（　　　）

参考答案：对

※3. 柴油发动机速燃期的气缸压力达最高，温度也最高。（　　　）

参考答案：错

> **解题思路**：本题考查考生对柴油机燃烧四个阶段的考查，速燃期压力最高，缓燃期温度最高。

※4. 柴油机的燃烧过程经过着火落后期、速燃期、缓燃期、补燃期。（　　　）

参考答案：错

> **解题思路**：本题考查考生对柴油机燃烧过程四个阶段的认知，即着火延迟期、速燃期、缓燃期和后燃期。

5. 在喷油器试验台对喷油器进行喷油压力检查时，各缸喷油压力应尽可能一致，一般相差不得超过 0.10MPa。（　　　）

参考答案：错

※6. 柴油机电控泵喷嘴没有高压油管，每缸二组泵喷嘴。（　　　）

参考答案：错

> **解题思路**：柴油机电控泵喷嘴没有高压油管，每个气缸一组泵喷嘴。

※7. 柴油机电控系统的基本组成包括传感器、CPU 和执行元件。
（　　　）

参考答案：错

> **解题思路**：柴油机电控系统的基本组成包括传感器、ECU（电脑）和执行元件。

8. 新 195 和 190 型柴油机是通过增减喷油泵与机体之间的铜垫片来调整供油提前角的；增加垫片供油时间则变早。（　　　）

参考答案：错

※9. 柴油机电控系统的类型分为开环控制和闭环控制。（　　　）

参考答案：对

10.柴油机启动困难，应从手油泵、燃油输送和压缩终了时的气缸压力温度等方面找原因。（　　）

参考答案：错

※11.柴油机在压缩行程压缩的是可燃混合气。（　　）

参考答案：错

解题思路：柴油机在压缩行程压缩的是纯空气。

※12.球形燃烧室是柴油机统一燃烧室的一种。（　　）

参考答案：对

13.柴油机运转均匀，高速且排烟过少，其故障原因是油路中有空气。（　　）

参考答案：对

第2章

汽车底盘试题精选

2.1 传动系

2.1.1 单项选择题

※1. （　　）可使发动机与传动系逐渐接合，保证汽车平稳起步。

A. 离合器　　　　　　　　　B. 变速器

C. 主减速器　　　　　　　　D. 差速器

参考答案： A

> **解题思路：** 本题考查考生对离合器作用的认知，离合器处在发动机和变速箱的中间，可以传递或者断开从发动机到车轮之间的动力传递。

2. 由计算机控制的变矩器，应将其电线接头插接到（　　）上。

A. 发动机　　　　　　　　　B. 变速驱动桥

C. 蓄电池负极　　　　　　　D. 车速表小齿轮表

参考答案： B

※3. （　　）用于控制油路，使自动变速器油只能朝一个方向流动。

A. 主调节阀　　　　　　　　B. 手动阀

C. 换向阀　　　　　　　　　D. 单向阀

参考答案：D

解题思路：本题考查考生对自动变速器油路中单向阀的认知，单向阀的作用类似于电路中的二极管，只能向一个方向导通。

4. 诊断与排除底盘异响需要下列哪些操作准备（　　）。

A. 汽车故障排除工具及设备　　　　B. 故障诊断仪

C. 一台故障的汽车　　　　　　　　D. 解码仪

参考答案：A

※5. （　　）在离合器接合状态时，可中断发动机与驱动轮之间的动力传递，以满足汽车短暂停车和润滑动情况的需要。

A. 变速器　　　　　　　　　　　　B. 离合器

C. 差速器　　　　　　　　　　　　D. 主减速器

参考答案：A

解题思路：本题考查考生对变速器作用的认知，变速器的作用是把发动机传递来的动力减速增扭。

※6. 变速器竣工验收时，应进行（　　）实验。

A. 有负荷　　　　　　　　　　　　B. 无负荷

C. 热磨合　　　　　　　　　　　　D. 无负荷和有负荷

参考答案：D

7. 在起步时，出现"咣当"一声响或响声较杂乱，在缓坡上向后倒车时，出现"嘎巴、嘎巴"的断续声，一般是（　　）原因。

A. 滚针折断、碎裂或丢失

B. 轴承磨损松旷或缺油

C. 传动轴万向节叉等速排列破坏

D. 中间支承轴承内圈过盈配合松旷

参考答案：A

※8. 变速器验收时，各挡噪声一般均不得高于（　　）dB。

A. 83　　　　　　　　　　　　　　B. 85

C. 88　　　　　　　　　　　　　　D. 90

参考答案：C

9. 变速器直接挡工作异响，其他挡位均有异响，说明（　　）。

A. 齿轮啮合不良或损坏　　　　B. 第二轴后轴承松旷或损坏

C. 齿轮间隙过小引起的　　　　D. 第二轴前轴承损坏

参考答案： D

※10. 变速器验收时各密封部位不得漏油，润滑油温度不得超过室温（　　）℃。

A. 40　　　　　　　　　　　　B. 50

C. 80　　　　　　　　　　　　D. 90

参考答案： A

11. 汽车起步时，车身发抖并能听到"咔啦、咔啦"的撞击声，且在车速变化时响声更加明显。车辆在高速挡用小油门行驶时，响声增强，抖动更严重。其原因可能是（　　）。

A. 传动轴花键齿与叉管花键槽磨损松旷

B. 变速器输入轴轴承磨损严重

C. 离合器盖与压盘连接松旷

D. 齿轮齿面金属剥落或个别牙齿折断

参考答案： A

12. 变速器工作时发出的不均匀的碰击声，其原因可能是（　　）。

A. 分离轴承缺少润滑油或损坏

B. 从动盘铆钉松动、钢片破裂或减振弹簧折断

C. 常啮合齿轮磨损成梯形或轮齿损坏

D. 传动轴万向节叉等速排列破坏

参考答案： C

13. 变速器壳体前后端面对第一、二轴轴承孔公共轴线的圆跳动误差，可用（　　）进行检测。

A. 内径千分尺　　　　　　　　B. 百分表

C. 高度游标卡尺　　　　　　　D. 塞尺

参考答案： B

※14. 变速器操纵机构由（　　）、拨叉、拨叉轴、锁止装置和变速器盖等组成。

A. 变速器操纵杆　　　　　　　B. 输入轴

C. 变速器壳体　　　　　　　　D. 控制系统

参考答案： A

15. 差速器壳轴承孔与半轴齿轮轴颈的配合间隙为（　　）mm。

A. 0.05～0.15   B. 0.05～0.25

C. 0.15～0.25   D. 0.25～0.35

参考答案： B

16. 变速器壳体上平面长度不大于（   ）mm。

A. 100   B. 150

C. 250   D. 300

参考答案： C

17. 输出轴变形的修复应采用（   ）。

A. 热压校正   B. 冷法校正

C. 高压校正   D. 高温后校正

参考答案： B

※18. 不属于单级主减速器的零件是（   ）。

A. 调整垫片   B. 主动圆锥齿轮

C. 调整螺母   D. 半轴齿轮

参考答案： D

> **解题思路：** 本题考查考生对主减速器结构的认知，因为半轴齿轮属于差速器的结构，而不是主减速器。

19. 差速器壳体修复工艺程序的第二步应该（   ）。

A. 彻底清理差速器壳体内外表面（包括水垢）

B. 根据全面检验的结论，确定修理内容及修复工艺

C. 差速器轴承与壳体及轴颈的配合应符合原设计规定

D. 差速器壳连接螺栓拧紧力矩应符合原设计规定

参考答案： B

※20. 不属于汽车普通变速器的组成（   ）。

A. 液力变矩器   B. 拨叉

C. 拨叉轴   D. 变速器盖

参考答案： A

> **解题思路：** 本题考查考生对手动变速器结构的认知，液力变矩器是属于自动变速器的组成部分。

※21. 差速器内行星齿轮当左右两侧车轮阻力不同时，（   ）。

A. 开始公转   B. 开始自转

C. 开始反转   D. 开始滑动

参考答案： B

> **解题思路：** 本题考查考生对差速器差速的理解程度，汽车在平直道路上行驶时，由于左右车轮的阻力相同，所以差速器的两个行星齿轮只有公转没有自转，但是，如果两边车轮阻力不同的时候，行星齿轮就会既有公转又有自转。

22. 安装 3、4 挡拨叉轴的小止动块，拧紧输出轴螺母，再将换挡叉轴置于（   ）位置。

     A. 一挡   B. 二挡

     C. 空挡   D. 倒挡

参考答案： C

※23. 车速传感器安装在（   ）。

     A. 气缸体上   B. 油底壳上

     C. 离合器上   D. 变速器上

参考答案： D

> **解题思路：** 本题考查考生对车速传感器的认知，车速传感器一般安装在变速器的输出轴上。

※24. 车速急剧变化，变速器响声加大，而车速相对稳定，响声消失，说明（   ）。

     A. 齿隙过大   B. 中间轴弯曲

     C. 第二轴弯曲   D. 轴承损坏

参考答案： A

25. 下列关于自动变速器驱动桥中各总成的装合与调整中说法错误的是（   ）。

     A. 把百分表支架装在驱动桥壳体上，使百分表触对着输出轴中心孔上粘着的钢球，用专用工具推拉同时转动输出轴，将输出轴轴承装合到位

     B. 输出轴和齿轮总成保持不动（可用 2 个螺钉将一扳杆固定在输出轴齿轮上），装上输出轴垫圈和螺母，按照规定力矩拧紧

     C. 用扭力扳手转动输出轴，检查输出轴的转动矩，此时所测力矩是开始转动所需的力矩

D. 将输出轴、轴承及调整垫片装入驱动桥壳体内，以专用螺母作为压装工具将输出轴齿轮及轴承压装到位

参考答案： C

※26. 从动盘摩擦片上的铆钉头至其外平面距离不得小于（ ）mm。

A. 0.1   B. 0.2

C. 0.3   D. 0.4

参考答案： C

※27. 单级主减速器由（ ）齿轮组成。

A. 一对圆锥   B. 二对圆锥

C. 一对圆柱   D. 一组行星

参考答案： A

解题思路： 本题考查考生对主减速器类别的认知，对于单级主减速器而言，只有一对圆锥齿轮实现减速增扭。

---

28. 自动变速器中间轴端隙用（ ）测量，用（ ）调整。

A. 游标卡尺，增垫   B. 螺旋测微器，减垫

C. 百分表，增减垫   D. 以上均正确

参考答案： C

※29. 单片离合器多应用于（ ）上。

A. 大型货车   B. 大型工程机械车

C. 中、小型汽车   D. 摩托车

参考答案： C

解题思路： 本题考查考生对离合器相关知识的认知，对于中、小型汽车而言，采用单片离合器。而对于大型车而言，采用多片离合器。

---

30. 用百分表检查从动盘的摆差，其最大极限为 0.4mm，从外缘测量径向跳动量最大为（ ）mm，超过极限值，应更换从动盘总成。

A. 2.5   B. 3.5

C. 4.0   D. 4.5

参考答案： A

※31. 等级速万向节的基本原理是从结构上保证需要万向节在工作过程中，其传力点永远位于（ ）上。

A. 两轴交点上   B. 两轴交点的平分面上

C. 两轴交点的平分线上　　　　D. 两轴交点的 1/2 处

参考答案：B

※32. 根据《汽车变速器修理技术条件》（GB 5372）技术要求，变速器壳上各轴承孔轴线的平行度公差允许比原设计规定增加（　）mm。

A. 0.01　　　　　　　　　　B. 0.02

C. 0.03　　　　　　　　　　D. 0.04

参考答案：B

33. 发动机怠速运转，离合器在分离、接合或汽车起步等不同时刻出现异响，这种现象是（　）。

A. 万向传动装置异响　　　　B. 离合器异响

C. 手动变速器异响　　　　　D. 驱动桥异响

参考答案：B

※34. 根据《汽车变速器修理技术条件》（GB 5372）技术要求，变速器壳上平面长度大于 250mm，平面度公差为（　）。

A. 0.1　　　　　　　　　　B. 0.15

C. 0.2　　　　　　　　　　D. 0.25

参考答案：C

35. 连续踏动离合器踏板，在即将分离或接合的瞬间有异响，则为（　）。

A. 压盘与离合器盖连接松旷　　B. 轴承磨损严重

C. 摩擦片铆钉松动、外露　　　D. 中间传动轴后端螺母松动

参考答案：C

36. 发动机怠速运转，离合器在分离、接合或汽车起步等不同时刻出现异响，其原因可能是（　）。

A. 传动轴万向节叉等速排列破坏　B. 万向节轴承压得过紧

C. 分离轴承缺少润滑油或损坏　　D. 中间轴、第二轴弯曲

参考答案：C

※37. 更换变速器齿轮油时，应先使变速器齿轮升温，齿轮油处于（　）状态下，拧下放油孔螺栓，放出齿轮油，再将放油塞拧牢固。

A. 冷　　　　　　　　　　　B. 温热

C. 常温　　　　　　　　　　D. 任意温度

参考答案：B

38. 变速器输入轴、输出轴不得有裂纹，各轴颈磨损不得超过（　　）mm。

A. 0.01　　　　　　　　　　　　B. 0.02

C. 0.03　　　　　　　　　　　　D. 0.06

参考答案：C

39. 分动器里程表软轴的弯曲半径不得小于（　　）mm。

A. 50　　　　　　　　　　　　　B. 100

C. 150　　　　　　　　　　　　D. 200

参考答案：B

※40. 离合器传动钢片的主要作用是（　　）。

A. 将离合器盖的动力传给压盘　　B. 将压盘的动力传给离合器盖

C. 固定离合器盖和压盘　　　　　D. 减小振动

参考答案：A

解题思路：本题考查考生对汽车离合器结构的认知，离合器传动钢片是连接压盘和离合器盖的零件。

※41. 离合器的从动部分不包括（　　）。

A. 从动盘　　　　　　　　　　　B. 变速器输入轴

C. 离合器输出轴　　　　　　　　D. 飞轮

参考答案：D

解题思路：本题考查考生对离合器组成部分的认知，飞轮属于离合器主动部分。

42. 手动变速器总成竣工验收时，进行负荷试验时间各挡运行应大于（　　）min。

A. 5　　　　　　　　　　　　　　B. 10

C. 15　　　　　　　　　　　　　D. 20

参考答案：B

※43. 离合器踏板的自由行程，是（　　）之间等处间隙的体现。

A. 分离轴承与分离杠杆　　　　　B. 踏板与地板高度

C. 压盘与从动盘　　　　　　　　D. 变速器与离合器

参考答案：A

> **解题思路**：本题考查考生对离合器踏板自由行程的认知，这个自由行程的实质是离合器分离轴承和分离杠杆之间的间隙。

44. 自动变速器中间轴端隙用（　　）测量。

A. 游标卡尺
B. 螺旋测微器
C. 百分表
D. 以上均正确

参考答案：C

45. 驱动桥的通气塞一般位于桥壳的（　　）。

A. 上部
B. 下部
C. 与桥壳平行
D. 后部

参考答案：A

※46. 离合器踏板自由行程过大，会造成离合器（　　）。

A. 离合器打滑
B. 分离不彻底
C. 起步发抖
D. 半接合状态

参考答案：B

※47. 膜片弹簧离合器的压盘（　　），热容量大，不易产生过热。

A. 较大
B. 较小
C. 较薄
D. 较厚

参考答案：D

48. 汽车起步时，车身发抖并能听到"咔啦、咔啦"的撞击声，且在车速变化时响声更加明显。车辆在高速挡用小油门行驶时，响声增强，抖动更严重。这种现象属于（　　）。

A. 万向传动装置异响
B. 手动变速器异响
C. 离合器异响
D. 驱动桥异响

参考答案：A

※49. 汽车（　　）时有异响，应检查齿轮的配合间隙与啮合间隙是否合适。

A. 加速
B. 减速
C. 起步
D. 上、下坡

参考答案：D

50. 手动变速器总成竣工验收首先应该（　　）。

A. 进行负荷和有负荷试验
B. 加注清洁变速器油

C. 用普通声级计测定噪声　　　　　D. 检视密封状况

参考答案：B

※51. 汽车传动系的传动形式中（　　）是一种最传统的布置形式，且主要用于大、中型载货汽车上。

A. 发动机前置，后轮驱动　　　　　B. 发动机前置，前轮驱动

C. 发动机后置，后轮驱动　　　　　D. 四轮驱动

参考答案：A

※52. 汽车离合器压盘及飞轮表面烧蚀的主要原因是离合器（　　）。

A. 打滑　　　　　　　　　　　　　B. 分离不彻底

C. 动平衡破坏　　　　　　　　　　D. 踏板自由行程过大

参考答案：A

53. 变速器（　　）螺母拧紧力矩为 $10N \cdot m$。

A. 输入轴　　　　　　　　　　　　B. 输出轴

C. 中间轴　　　　　　　　　　　　D. 任意轴

参考答案：B

54. 差速器壳体修复工艺程序的第一步应该（　　）。

A. 彻底清理差速器壳体内外表面（包括水垢）

B. 根据全面检验的结论，确定修理内容及修复工艺

C. 差速器轴承与壳体及轴颈的配合应符合原设计规定

D. 差速器壳连接螺栓拧紧力矩应符合原设计规定

参考答案：A

※55. 汽车起步，车身发抖并能听到"嚓咯"的撞击声是（　　）异响。

A. 万向传动装置　　　　　　　　　B. 变速器

C. 离合器　　　　　　　　　　　　D. 驱动桥

参考答案：A

56. 汽车驱动桥桥壳应裂损，桥壳上各部位螺纹损伤不得多于（　　）牙。

A. 1　　　　　　　　　　　　　　　B. 2

C. 3　　　　　　　　　　　　　　　D. 4

参考答案：B

※57. 汽车起步时，强行挂挡后，在未抬离合器踏板的情况下，汽车出现（　　）现象，说明发生离合器分离不彻底故障。

A. 抖动　　　　　　　　　　　B. 后移

C. 前移　　　　　　　　　　　D. 跑偏

参考答案：C

58. 编制差速器壳的修理工艺卡中，下列属于技术检验工艺卡项目的是（　　）。

A. 左右差速器壳内外圆柱面的轴线及对接面的检验

B. 圆锥主动齿轮花键与凸缘键槽的侧隙的检验

C. 圆柱主动齿轮轴承与轴颈的配合间隙的检验

D. 裂纹的检验，差速器壳应裂损

参考答案：D

※59. 汽车行驶时，变换车速，如出现"咔啦、咔啦"的撞击声，多半是（　　）。

A. 轴承磨损松旷　　　　　　　B. 传动轴排列破坏

C. 螺栓松动　　　　　　　　　D. 万向节轴承壳压得过紧

参考答案：A

60. 半轴套管中间两轴颈径向跳动不得大于（　　）mm。

A. 0.03　　　　　　　　　　　B. 0.05

C. 0.08　　　　　　　　　　　D. 0.5

参考答案：B

※61. 汽车主减速器（　　）折断时，会导致汽车行驶中突然出现强烈而有节奏的金属敲击声。

A. 圆锥齿轮轮齿　　　　　　　B. 行星齿轮轮齿

C. 半轴齿轮轮齿　　　　　　　D. 半轴花键

参考答案：A

62. 下列属于驱动桥装配验收的项目有（　　）。

A. 检查转向盘的自由行程　　　B. 调整前轮前束

C. 调整最大转向角　　　　　　D. 装复车轮制动器

参考答案：D

※63. 汽车主减速器圆锥主动齿轮轴承（　　）会导致后桥异响，并伴随后桥壳温度升高。

A. 损坏   B. 过紧

C. 过松   D. 磨损

参考答案： C

64. 连续踏动离合器踏板，在即将分离或结合的瞬间有异响，则为（　　）。

A. 压盘与离合器盖连接松旷   B. 轴承磨损严重

C. 摩擦片铆钉松动、外露   D. 中间传动轴后端螺母松动

参考答案： C

※65. 如离合器间隙过大，离合器将出现（　　）故障。

A. 打滑   B. 分离不开

C. 发抖   D. 异响

参考答案： B

> **解题思路：** 本题考查考生对离合器常见故障的认知，由于离合器间隙过大，就会使离合器踩下的行程比正常值大，如果行程没有增大，就会导致离合器分离不彻底。

66. 从动盘铆钉埋入深度不小于（　　）mm，超过极限值，应更换从动盘总成。

A. 0.2   B. 0.3

C. 0.4   D. 0.6

参考答案： B

※67. 手动变速器某常啮合齿轮副只更换一个齿轮，可导致（　　）。

A. 异响   B. 挂不上挡

C. 脱挡   D. 换挡困难

参考答案： A

※68. 手动变速器在进行维护检查时，首先应将变速器手柄置于（　　）挡位置。

A. 前进   B. 滑行

C. 倒车   D. 空挡

参考答案： D

> **解题思路：** 本题考查考生对手动变速器相关知识的认知，在给手动变速器做检查的时候，为了安全考虑，要把变速器挂挡到空挡。

69. 变速器直接挡工作异响，其他挡位均有异响，说明（　　）。

A. 齿轮啮合不良或损坏　　　　B. 第二轴后轴承松旷或损坏

C. 齿轮间隙过小引起的　　　　D. 第二轴前轴承损坏

参考答案：D

※70. 通常汽车传动系动力最后经过（　　）传递给驱动轮。

A. 离合器　　　　　　　　　　B. 变速器

C. 主减速器　　　　　　　　　D. 半轴

参考答案：D

解题思路：本题考查考生对汽车底盘部分传动系的认知，发动机的动力通过传动系的各个部分，最后由半轴和轮毂轴承传递给驱动轮。

※71. 同步器依靠（　　）来实现动力的传递。

A. 摩擦　　　　　　　　　　　B. 啮合

C. 链条　　　　　　　　　　　D. 齿带

参考答案：A

解题思路：本题考查考生对手动变速器中同步器的认知，同步器就是利用摩擦力使即将换入的挡位在传递动力前先和发动机转速侧转速差不多后再挂入，这样可以避免换挡时打齿轮的现象发生。

72. 变速器壳体第一、二轴轴承孔与中间轴轴承孔轴线的平行度误差一般应不大于（　　）mm。

A. 0.10　　　　　　　　　　　B. 0.15

C. 0.20　　　　　　　　　　　D. 0.25

参考答案：A

※73. 为分析离合器打滑故障存在的原因，应最先进行检查的项目是（　　）。

A. 检查离合器踏板自由行程

B. 检查离合器盖，飞轮连接螺钉是否松动

C. 检查离合器分离杠杠内端面高低

D. 检查离合器摩擦片

参考答案：A

※74. 正确的主减速器主、从动锥齿轮啮合印痕应位于齿长方向偏向小端，齿高方向偏向（　　）端。

A. 底   B. 顶

C. 中   D. 以上都不正确

参考答案：B

75. 行驶中对油门和车速变换，如出现"卡啦、卡啦"的撞击声，一般是（   ）原因。

A. 滚针折断、碎裂或丢失

B. 轴承磨损松旷或缺油

C. 传动轴万向节叉等速排列破坏

D. 中间支承轴承内圈过盈配合松旷

参考答案：B

※76. 主减速器的主要功用是（   ），并改变力的传动方向。

A. 增速增扭   B. 增速降扭

C. 降速降扭   D. 降速增扭

参考答案：D

77. 分动器各轴的轴向间隙的调整方法为（   ）。

A. 加减垫片

B. 通过调整轴承盖与壳体的垫片厚度

C. 通过调整螺钉

D. 通过调整螺母

参考答案：B

※78. 属于离合器发抖的原因的是（   ）。

A. 离合器分离杠杆内端面不在同一平面内

B. 压紧弹簧弹力均匀

C. 摩擦片表面清洁

D. 从动盘表面平整

参考答案：A

> **解题思路：**本题考查考生对分离杠杆式离合器发抖故障原因的认知，由于分离杠杆（一般为4个）不在同一个平面内，导致离合器的接触面减小（或者叫倾斜）而发抖。

79. 编制差速器壳的技术检验工艺卡，技术检验工艺卡首先应该（   ）。

A. 裂纹的检验，差速器壳应裂损

B. 差速器轴承与壳体及轴颈的配合的检验

C. 差速器壳轴承孔与半轴齿轮轴颈的配合间隙的检验

D. 差速器壳连接螺栓拧紧力矩的检验

参考答案：A

※80. 装备手动变速器的汽车，可安装（　　　）来减小换挡所引起的齿轮冲击。

A. 同步器

B. 差速器

C. 离合器

D. 制动器

参考答案：A

> **解题思路**：本题考查考生对手动变速器中同步器作用的认知，如果变速器只有接合套，而没有同步器的话，将会导致齿轮冲击（俗称打齿轮）。

※81. 自动变速器单向离合器的作用是（　　　）。

A. 联接

B. 固定

C. 锁止

D. 制动

参考答案：C

82. 若自动变速器控制系统工作正常，电脑内没有故障代码，则故障警告灯以每秒（　　　）次的频率连续闪亮。

A. 1

B. 2

C. 3

D. 4

参考答案：A

※83. 自动变速器进行维护作业检查时，首先应将变速器手柄置于（　　　）挡位置。

A. P

B. S

C. R

D. N

参考答案：D

84. 内、外万向节球毂、球笼壳及钢球严重磨损，应（　　　）。

A. 更换内、外万向节球毂

B. 更换球笼壳

C. 更换钢球

D. 更换万向节总成

参考答案：D

※85. 自动变速器内（　　）的作用是制动。

A. 单向离合器　　　　　　　　B. 离合器

C. 制动器　　　　　　　　　　D. 手动阀

参考答案：C

※86. 自动变速器内制动器的作用是（　　）。

A. 联接　　　　　　　　　　　B. 固定

C. 锁止　　　　　　　　　　　D. 制动

参考答案：D

※87. 自动变速器试验后，应让发动机怠速运转（　　）s 左右，以使自动变速器油温正常。

A. 10　　　　　　　　　　　　B. 20

C. 30　　　　　　　　　　　　D. 60

参考答案：D

88. 后离合器（　　）压缩空气时，后离合器应该立刻接合并发出"砰"的响声，放出压缩空气，离合器应该（　　）。

A. 吹入，分离　　　　　　　　B. 放出，接合

C. 以上均不对　　　　　　　　D. 以上均正确

参考答案：A

※89. 发动机与离合器处于完全接合时，变速器输入轴（　　）。

A. 不转动　　　　　　　　　　B. 高于发动机转速

C. 低于发动机转速　　　　　　D. 与发动机转速相同

参考答案：D

90. 变速器输入轴螺母拧紧力矩为（　　）N·m。

A. 10　　　　　　　　　　　　B. 100

C. 200　　　　　　　　　　　D. 50

参考答案：B

※91. 检查传动轴轴管的最大径向跳动量，其值应不大于（　　）mm。

A. 0.2　　　　　　　　　　　B. 0.4

C. 0.6　　　　　　　　　　　D. 0.8

参考答案：C

92. 装好输出轴齿轮、垫圈和螺母，应该（　　）。

A. 按规定力矩拧紧　　　　　　B. 任意力矩拧紧

C. 以上均不对   D. 以上均正确

参考答案：A

93. 变速驱动桥阀体上固定螺栓有（   ）个。

A. 5   B. 7

C. 9   D. 10

参考答案：C

94. 用百分表检查主减速器壳上安装差速器轴承的轴承孔的同轴度，其误差应不大于（   ）mm。

A. 0.01   B. 0.02

C. 0.03   D. 0.04

参考答案：C

95. 变速器倒挡轴与中间轴轴承孔轴线的平行度误差一般应不大于（   ）mm。

A. 0.02   B. 0.04

C. 0.06   D. 0.10

参考答案：C

96. 用压缩空气吹入前离合器作用孔时，离合器发出"砰"的响声，则其工作性能（   ）。

A. 不佳   B. 损坏

C. 性能良好   D. 以上均正确

参考答案：C

97. 万向节球毂花键磨损松旷时，应（   ）。

A. 更换内万向节球毂   B. 更换球笼壳

C. 更换万向节总成   D. 更换外万向节球毂

参考答案：C

2.1.2 判断题

※1. 变速器的互锁装置作用是防止变速器同时挂上两个挡位。

（   ）

参考答案：对

2. 差速器壳承孔与半轴齿轮轴颈的配合间隙为 0.05～0.25mm。

（   ）

参考答案：对

※3. 变速器第一轴的轴向间隙不大于 0.15mm，其他各轴的轴向间隙不大于 0.20mm。（　　）

参考答案：错

4. 汽车起步时，车身发抖并能听到"咔啦、咔啦"的撞击声，且在车速变化时响声更加明显。车辆在高速挡用小油门行驶时，响声增强，抖动更严重。其原因可能是万向传动装置故障。（　　）

参考答案：对

※5. 变速器盖应无残损，变速叉轴与盖承孔的配合间隙为 0.04～0.20mm。（　　）

参考答案：对

※6. 变速器直接挡无异响，而在其他挡位均有异响，说明第一轴轴承损坏。（　　）

参考答案：错

7. 传动轴万向节叉等速排列破坏，会导致发动机怠速运转，离合器在分离、接合或汽车起步等不同时刻出现异响。（　　）

参考答案：错

※8. 半轴花键与半轴齿轮及突缘键槽的侧隙不大于原设计规定 0.30mm。（　　）

参考答案：错

9. 变速器壳体变形会导致变速器工作时发出的不均匀的碰击声。（　　）

参考答案：对

※10. 半轴花键与半轴齿轮及突缘键槽的侧隙不大于原设计规定的 0.15mm。（　　）

参考答案：对

※11. 齿轮差速器主要由四个圆锥行星齿轮、十字轴、两个圆锥半轴齿轮和差速器壳组成。（　　）

参考答案：对

12. 连续踏动离合器踏板，在即将分离或接合的瞬间有异响，则为摩擦片铆钉松动、外露。（　　）

参考答案：对

13. 变速器盖的变速叉端面对变速叉轴孔轴线的垂直度公差为 0.40mm。（　　）

参考答案：错

※14. 齿轮啮合间隙过大是造成异响的原因。（　　）

参考答案：错

※15. 传动轴万向节叉等速排列不当，必然使万向传动装置异响。（　　）

参考答案：对

16. 半轴套管中间两轴颈径向跳动不得大于 0.05mm。变形超过规定时，可采用高温高压校正的方法。（　　）

参考答案：错

※17. 传动轴中间支承轴承散架必然造成万向传动装置异响。（　　）

参考答案：错

18. 在任何挡位、任何车速下均有"咝、咝"声，且伴有过热现象，说明齿轮啮合间歇过小。（　　）

参考答案：错

※19. 大修的离合器应在装车前与曲轴飞轮组一起进行平衡。（　　）

参考答案：对

※20. 对于双级主减速器，一般第一级为斜齿圆齿轮，第二级为锥齿轮（　　）

参考答案：错

※21. 检查传动轴花键轴与滑动叉花键的配合间隙，最大不得超过 0.4mm。（　　）

参考答案：对

22. 起步或行驶中，始终有明显的"咔啦"异响；并伴有振抖，说明中间轴承支承架固定螺栓松动。（　　）

参考答案：对

※23. 离合器的功用之一是使发动机与传动系逐渐接合，保证汽车平稳起步。（　　）

参考答案：对

24. 若变矩器为原车所配的，则柔性板与变矩器的装配不用标记对齐。（　　）

参考答案：错

※25. 离合器分离爪内端高低不一致能造成离合器发抖。（　　）

参考答案：对

26. 变速器壳体螺纹孔的损伤不超过 3 牙。（　　）

参考答案：错

※27. 离合器压紧弹簧过硬也是造成离合器打滑的原因。（　　）

参考答案：错

※28. 汽车变速器自锁装置可防止自动脱挡和挂错挡。（　　）

参考答案：错

※29. 汽车传动系的基本功用是将发动机输出的动力传递给各车轮。（　　）

参考答案：错

30. 高速行驶时，有明显声响，突然加速时，响声很清晰，多为滑动齿轮花键配合松旷。（　　）

参考答案：对

※31. 同步器的作用是将输入轴与输出轴连接起来。（　　）

参考答案：错

※32. 万向传动装置异响会发生在汽车不同运行状态。（　　）

参考答案：对

※33. 一般变速器的动力传动过程是：发动机—离合器—变速器—万向传动装置—主减速器—差速器—半轴—驱动轮。（　　）

参考答案：对

34. 从动盘铆钉埋入深度不小于 0.2mm，超过极限值，应更换从动盘总成。（　　）

参考答案：错

※35. 一般汽车的驱动桥主要由主减速器、差速器、半轴和驱动桥桥壳等组成。（　　）

参考答案：对

※36. 主减速器的作用是降低车速，增大扭矩，并改变旋转方向，然后传给驱动轮，以获得足够的汽车牵引力和车速。（　　）

参考答案：对

※37. 主减速器主从动锥齿轮的啮合印痕的要求是正车面较倒车面要高。（　　）

参考答案：对

38. 万向节球毂花键磨损松旷时，应更换万向节球毂。（　　）

参考答案：错

※39. 自动变速器内的离合器的作用是将某一执行元件固定。（　　）

参考答案：错

※40. 自动变速器失速试验后，发动机应立即熄火。（　　）

参考答案：错

2.2 行驶系

2.2.1 单项选择题

1. 驱动桥的通气塞一般位于桥壳的（　　）。

A. 上部 　　　　　　　　　B. 下部

C. 与桥壳平行 　　　　　　D. 后部

参考答案：A

※2. （　　）不是车身倾斜的原因。

A. 车架轻微变形 　　　　　B. 单侧悬挂弹簧弹力不足

C. 减振器损坏 　　　　　　D. 轮胎气压不平衡

参考答案：A

> **解题思路**：车架的轻微变形不会导致车身倾斜。

※3. （　　）不是导致汽车钢板弹簧损坏的主要原因。

A. 汽车长期超载 　　　　　B. 材质不符合要求

C. 装配不符合要求 　　　　D. 未按要求对轮胎进行换位

参考答案：B

4. 轮胎的胎面，如发现胎面中部磨损严重，则为（　　）所致。

A. 轮胎气压过高

B. 各部松旷、变形、使用不当或轮胎质量不佳

C. 前轮外倾过小

D. 轮胎气压过低

参考答案： A

※5.（ ）不是轮胎异常磨损的原因。

A. 减振器性能减弱   B. 主销后倾角改变

C. 轮胎气压不平衡   D. 单侧悬挂弹簧弹力不足

参考答案： A

> **解题思路：** 减振器的性能减弱不会影响轮胎异常磨损。

※6.（ ）不是汽车行驶跑偏的原因。

A. 减振器性能减弱   B. 前悬挂移位

C. 单侧悬挂弹簧力不足   D. 车架变形

参考答案： A

> **解题思路：** 减振器性能减弱不会导致汽车行驶跑偏。

7. 下列现象不属于轮胎异常磨损的是（ ）。

A. 胎冠中部磨损

B. 胎冠外侧或内侧单边磨损

C. 胎冠由外侧向里侧呈锯齿状磨损

D. 轮胎爆胎

参考答案： D

※8.（ ）不是悬架系统损坏引起的常见故障。

A. 车轮异常磨损   B. 后桥异响

C. 车身倾斜   D. 汽车行驶跑偏

参考答案： B

9. 汽车行驶时，有时出现两前轮各自围绕主销进行角振动的现象，这种现象属于（ ）。

A. 前轮摆振   B. 制动跑偏

C. 前轮异常磨损   D. 前轮脱节

参考答案： A

※10.（ ）不是引起低速打摆现象的原因。

A. 前速过大，车轮外倾角，主销后倾角变小

B. 车架变形或铆钉松动

C. 转向器啮合间隙过大

D. 转向节主销与衬套过大

参考答案：B

※11.（　　）不是引起高速打摆现象的主要原因。

A. 前轮胎修补、前轮辋变形、前轮毂螺栓短缺引起启动不平衡

B. 减振器失效，前钢板弹力不一致

C. 车架变形或铆钉松动

D. 前束过大、车轮外倾角、主销后倾角变小

参考答案：D

12. 为保持轮胎缓和路面冲击的能力，给轮胎的充气标准可（　　）最高气压。

A. 略低于 　　　　　　　　　　B. 略高于

C. 等于 　　　　　　　　　　　D. 高于

参考答案：A

※13.（　　）是车架和车桥之间的一切传力连接装置的总成。

A. 车轮 　　　　　　　　　　　B. 车身

C. 悬架 　　　　　　　　　　　D. 减振器

参考答案：C

解题思路：本题考查考生对悬架概念的认知。

14. 诊断前轮摆振的程序首先应该检查（　　）。

A. 前桥与转向系各连接部位是否松旷

B. 前轮的径向跳动量和端面跳动量

C. 前轮是否装用翻新轮胎

D. 前钢板弹簧 U 形螺栓

参考答案：C

※15.（　　）是轮胎异常磨损的原因。

A. 减振器性能减弱 　　　　　　B. 连接销松动

C. 减振器损坏 　　　　　　　　D. 单侧悬挂弹簧弹力不足

参考答案：D

16. 驱动桥油封轴颈的径向磨损不大于（　　　）mm，油封轴颈端面磨损后，轴颈位的长度应大于油封的厚度。

A. 0.15　　　　　　　　　　B. 0.20

C. 0.25　　　　　　　　　　D. 0.30

参考答案：A

※17.（　　　）是汽车行驶中有撞击声的原因。

A. 减振器性能减弱　　　　　B. 前悬挂移位

C. 单侧悬挂弹簧力不足　　　D. 弹簧折断

参考答案：D

18. 装配变速驱动桥时，回旋低挡和倒挡制动带调节螺钉，使制动带达到（　　　）张开程度。

A. 最小　　　　　　　　　　B. 最大

C. 中等　　　　　　　　　　D. 不

参考答案：B

※19.（　　　）是外胎的骨架。

A. 胎面　　　　　　　　　　B. 帘布层

C. 缓冲层　　　　　　　　　D. 胎圈

参考答案：B

20. 钢板弹簧座的平面度误差不大于（　　　）mm。

A. 0.4　　　　　　　　　　B. 0.6

C. 0.8　　　　　　　　　　D. 0.2

参考答案：A

※21.（　　　）是悬架系统损坏引起的常见故障。

A. 车身抖动　　　　　　　　B. 车身倾斜

C. 后桥异响　　　　　　　　D. 前桥异响

参考答案：B

※22. 钢板弹簧压紧后中部应该紧贴，相邻两片在总接触长度 1/4 处的间隙一般不大于（　　　）mm。

A. 1　　　　　　　　　　　B. 1.3

C. 1.1　　　　　　　　　　D. 1.2

参考答案：D

23. 下列不属于前轮摆振故障产生的原因的是（　　　）。

A. 前钢板弹簧 U 形螺栓松动或钢板销与衬套配合松动

B. 后轮动不平衡

C. 前轮轴承间隙过大，轮毂轴承磨损松旷

D. 直拉杆臂与转向节臂的连接松旷

参考答案：B

※24. 各钢板弹簧的中心螺栓孔应该对正，且每片的横向位移不得超过主片的（　　）mm。

A. 1.5

B. 2

C. 2.5

D. 3

参考答案：C

25. 前轮轮胎呈现胎冠两肩磨损、中部磨损、单边磨损、锯齿状磨损、波浪状磨损等。如果呈现规律磨损，则为（　　）原因造成。

A. 轮胎气压过低

B. 各部松旷、变形、使用不当或轮胎质量不佳

C. 前轮外倾过小

D. 为前束过小或负前束

参考答案：B

※26. 根据（　　）不同，车桥可分为整体式和断开式。

A. 车轮个数

B. 传动形式

C. 半轴

D. 悬架结构

参考答案：D

※27. 根据《汽车前桥及转向系修理技术条件》（GB 8823）的技术要求，前轴钢板弹簧座上 U 形螺栓承孔及定位孔的磨损量不得大于（　　）mm。

A. 0.5

B. 1

C. 1.5

D. 2

参考答案：B

※28. 根据《汽车驱动桥维修技术条件》（GB 8825）技术要求，驱动桥钢板弹簧座（　　）减少不大于 2.0mm。

A. 长度

B. 宽度

C. 厚度

D. 粗糙度

参考答案：C

29. 下列现象不属于轮胎异常磨损的是（　　　）。

A. 轮胎胎面磨损不均匀　　　　B. 胎冠两肩磨损

C. 胎壁擦伤　　　　D. 轮胎气压偏低

参考答案：D

※30. 根据《汽车驱动桥修理技术条件》（GB 8825）技术要求，圆锥主、从动齿轮啮合间隙为（　　　）mm。

A. 0.15～0.25　　　　B. 0.15～0.35

C. 0.15～0.45　　　　D. 0.15～0.50

参考答案：D

31.（　　　）是造成在用车轮胎早期耗损的主要原因。

A. 前轮定位不正确

B. 前梁或车架弯扭变形

C. 轮毂轴承松旷或转向节与主销松旷

D. 气压不足

参考答案：D

※32. 根据《汽车驱动桥修理技术条件》的技术要求，驱动桥钢板弹簧座厚度减少不大于（　　　）mm。

A. 1　　　　B. 1.5

C. 2　　　　D. 2.5

参考答案：C

33. 对于安装完毕的转向桥的转向节一般用（　　　）检查，看其是否转动灵活。

A. 手　　　　B. 弹簧拉动

C. 眼睛观察　　　　D. 扳手

参考答案：B

※34. 挂车上的车桥都是（　　　）。

A. 转向桥　　　　B. 驱动桥

C. 转向驱动桥　　　　D. 支持桥

参考答案：D

※35. 关于车身倾斜的原因。甲认为：单侧悬挂弹簧弹力不足是其中之一。乙认为：轮胎气压不平衡只是引起上述故障的原因。丙认为：减振器损坏是其中之一。看法正确的是（　　　）。

A. 甲和乙　　　　　　　　　B. 乙和丙

C. 丙和甲　　　　　　　　　D. 均错

参考答案：C

36. 下列不属于前轮摆振故障产生的原因的是（　　　）。

A. 直拉杆臂与转向节臂的连接松旷

B. 前轮轴承间隙过大，轮毂轴承磨损松旷

C. 后轮动不平衡

D. 前钢板弹簧 U 形螺栓松动或钢板销与衬套配合松动

参考答案：C

※37. 关于独立悬架，弹簧的（　　　）对乘员的舒适性起了主要影响。

A. 强度　　　　　　　　　　B. 刚度

C. 自由长度　　　　　　　　D. 压缩长度

参考答案：B

> **解题思路**：本题考查考生对独立悬架中弹簧作用的认知，弹簧的刚度和减振器的阻尼决定了汽车的舒适性。

※38. 关于悬架系统损坏引起的常见故障。甲认为，轮胎异常磨损只是悬架系统损坏引起的。乙认为，车身倾斜是其中之一。丙认为，汽车行驶跑偏是其中之一。看法正确是（　　　）。

A. 甲和乙　　　　　　　　　B. 乙和丙

C. 丙和甲　　　　　　　　　D. 均错

参考答案：B

39. 诊断前轮摆振的程序首先应该检查（　　　）。

A. 前桥与转向系各连接部位是否松旷

B. 前轮是否装用翻新轮胎

C. 前钢板弹簧 U 形螺栓

D. 前轮的径向跳动量和端面跳动量

参考答案：B

※40. 甲说，对减振器性能的检查应该在普通工具上进行。乙说，一般情况下可通过外观检查有无漏油的地方。你认为二者正确的是（　　　）。

A. 甲 　　　　　　　　　　 B. 乙

C. 甲与乙都正确 　　　　　 D. 两个都不正确

参考答案：B

※41. 减振器的活塞及缸筒表面磨损后，使配合间隙大于（　　　　）mm 时，应更换减振器总成。

A. 0.05 　　　　　　　　　　 B. 0.10

C. 0.15 　　　　　　　　　　 D. 0.20

参考答案：A

※42. 轿车采用（　　　）悬架的，车轿是断开式的。

A. 独立式 　　　　　　　　　 B. 非独立式

C. 单级减振 　　　　　　　　 D. 双级减振

参考答案：A

解题思路：本题考查考生对独立悬架中车桥的认知，由于独立悬架每一侧悬架的动作不影响另外一侧，所以独立悬架的车桥是断开式的。

---

43. 车轮动平衡的检测时，被测车轮安装在（　　　　）。

A. 平衡机主轴的一端 　　　　 B. 主轴中部

C. 自由端 　　　　　　　　　 D. 前轴

参考答案：A

※44. 轿车的轮辋一般是（　　　　）。

A. 深式 　　　　　　　　　　 B. 平式

C. 可拆式 　　　　　　　　　 D. 圆形式

参考答案：A

※45. 内胎充气轮胎是由外胎、内胎和（　　　）组成。

A. 胎圈 　　　　　　　　　　 B. 胎面

C. 垫带 　　　　　　　　　　 D. 缓冲层

参考答案：C

46. 钢板弹簧卡子内侧与钢板弹簧侧的间隙应该为（　　　　）。

A. 0.7～1.0 　　　　　　　　 B. 0.8～10

C. 0.9～1.0 　　　　　　　　 D. 以上均正确

参考答案：A

※47. 汽车车桥通过（　　　　）与车架相连。

A. 车轮

B. 悬架

C. 传动轴

D. 半轴

参考答案：B

※48. 汽车的前束值一般都小于（ ）mm。

A. 5

B. 8

C. 10

D. 12

参考答案：C

※49. 汽车后桥壳上钢板弹簧中定位孔磨损偏移量不得超过（ ）mm。

A. 1

B. 2

C. 3

D. 5

参考答案：A

50. 钢板弹簧应该视需要进行（ ）处理恢复弹性。

A. 冷处理

B. 热处理

C. 不需要

D. 以上均正确

参考答案：B

※51. 汽车后桥某一部的齿轮啮合间隙过大，会使汽车在（ ）时发响。

A. 上坡

B. 下坡

C. 上、下坡

D. 起步

参考答案：A

※52. 汽车后桥某一部位的齿轮啮合印痕不当，会使汽车在（ ）发响。

A. 上坡

B. 下坡

C. 上、下坡

D. 起步

参考答案：C

※53. 汽车悬架一般由弹性元件、（ ）、导向机构三部分组成。

A. 离合器

B. 减速器

C. 减振器

D. 差速器

参考答案：C

解题思路： 本题考查考生对汽车悬架结构的认知，悬架由减振器、弹性元件和导向机构组成。

※54. 转向桥和（　　）属于从动桥。

A. 驱动桥   B. 转向驱动桥

C. 支持桥   D. 后桥

参考答案：C

※55. 转向桥主要的功用是承受地面和车架之间的垂直载荷、纵向力和（　　），并保证转向轮作正确的运动。

A. 驱动器力   B. 牵引力

C. 横向力   D. 制动力

参考答案：C

解题思路：本题考查考生对转向桥的认知，转向桥在工作中要承受三维方向的力，所以本题选择 C。

※56. 转向桥主要的功用是承受地面和车架之间的垂直载荷、纵向力和横向力，并保证（　　）作正确的运动。

A. 驱动轮   B. 皮带轮

C. 后轮   D. 转向轮

参考答案：D

※57. 充气轮胎按其结构组成可分为（　　）。

A. 有内胎轮胎和无内胎轮胎

B. 高压轮胎和低压轮胎

C. 子午线轮胎和普通斜交轮胎

D. 普通花纹轮胎和混合花纹轮胎

参考答案：A

解题思路：本题考查考生对充气轮胎知识的认知，按照结构组成分为有内胎轮胎和无内胎轮胎（真空胎）。

※58. 关于轮胎异常磨损，甲认为：轮胎气压不平衡；乙认为：单侧悬挂弹簧弹力不足；丙认为：主销后倾角改变。以上三种说法（　　）。

A. 甲和乙   B. 乙和丙

C. 丙和甲   D. 均错

参考答案：B

※59. 使用指针式测量前束，要求将前束尺安装在前轴后面两车轮（　　）的中心位置。

A. 左侧　　　　　　　　　B. 右侧

C. 内侧　　　　　　　　　D. 外侧

参考答案： C

2.2.2　判断题

※1. 汽车采用独立县架时，车桥都要是整体式的。（　　　）

参考答案： 错

※2. 汽车采用非独立悬架，车轿是断开的。（　　　）

参考答案： 错

3. 经常行驶在拱度较大的路面上跟轮胎异常磨损没有关系。（　　　）

参考答案： 错

4. 转向节衬套与主销配合松旷或转向节与前梁拳形部位沿主销轴线方向配合松旷，不会导致前轮摆振故障。（　　　）

参考答案： 错

※5. 汽车后桥壳变形会使轮胎磨损加快。（　　　）

参考答案： 对

※6. 汽车后桥异响必须通过仪器来诊断。（　　　）

参考答案： 错

7. 用内、外径量具测量，主销衬套内孔磨损超过 0.70mm，或衬套与主销的配合 间隙超过 0.20mm 时，应更换主销衬套。（　　　）

参考答案： 错

8. 提高转向系刚度不可能提高抵抗前轮摆头的能力。（　　　）

参考答案： 错

※9. 前悬架弹簧弹力不足就是制动跑偏、甩尾的原因。（　　　）

参考答案： 错

10. 钢板弹簧座平面磨损厚度不得多于 2mm，定位孔磨损量不得大于 1mm，超限可堆焊修复。（　　　）

参考答案： 对

11. 在做车轮动平衡检测时，其主轴的振幅的大小，在一定转速下，只与车轮不平衡质量大小成正比。（　　　）

参考答案： 对

※12. 主销内倾角可以调整其大小。（　　　）

参考答案：对

13. 高速摆振指汽车在高速行驶时或在某一较高车速时，出现行驶不稳、摆头。（　　）

参考答案：对

14. 为保持轮胎缓和路面冲击的能力，充气标准可高于最高气压。（　　）

参考答案：错

※15. 转向轮定位只包括前轮前束。（　　）

参考答案：错

※16. 帘布层是内胎充气轮胎的骨架。（　　）

参考答案：对

※17. 为减小行驶阻力，汽车多采用实心轮胎。（　　）

参考答案：错

※18. 有时六轮汽车的六个轮都是驱动轮。（　　）

参考答案：对

19. 严格遵守充气标准是防止轮胎早期磨损、达到最高使用寿命的基本条件。（　　）

参考答案：对

※20. 装备有非独立悬架的汽车，加装钢板弹簧不会影响汽车性能。（　　）

参考答案：错

2.3　转向系

2.3.1　单项选择题

※1.（　　）不是动力转向系统方向发飘或跑偏的原因。

A. 分配阀反作用弹簧过软或损坏

B. 缺液压油或滤油器堵塞

C. 流量控制阀被卡住

D. 阀体与阀体台阶位置偏移使滑阀不在中间位置

参考答案：B

2. 手左右抓住方向盘；沿转向轴轴线方向做上下拉压动作，如果感到有明显的松旷量，则故障在（　　）。

A. 转向器内主从动部分啮合部位松旷或垂臂轴承松旷

B. 方向盘与转向轴之间松旷

C. 转向器主动部分轴承松旷

D. 转向器在车架上的固定不好

参考答案： C

※3.（　　）不是动力转向液压助力系统引起的转向沉重的原因。

A. 油泵磨损　　　　　　　　　　B. 缺液压油或滤清器堵塞

C. 油路中有气泡　　　　　　　　D. 分配阀反作用弹簧过软或损坏

参考答案： D

※4.（　　）不是转向沉重的原因。

A. 转向梯形横、直拉杆球头配合间隙过小

B. 转向器转向轴弯曲或管柱凹瘪相互摩擦

C. 前轮前束过大或过小

D. 转向器摇臂与衬套间隙过小

参考答案： C

5. 转弯半径是指由转向中心到（　　　　）。

A. 内转向轮与地面接触点间的距离

B. 外转向轮与地面接触点间的距离

C. 内转向轮之间的距离

D. 外转向轮之间的距离

参考答案： B

※6.（　　）的功用是增大转向盘传到转向轮上的转向力矩，并改变力的传递方向。

A. 转向万向节　　　　　　　　　B. 转向传动轴

C. 转向横拉杆　　　　　　　　　D. 转向器

参考答案： D

解题思路： 本题考查考生对转向器作用的认知。

7. 转向系大修技术检验规范包括（　　　　）。

A. 螺杆有损坏　　　　　　　　　B. 螺杆损坏

C. 螺杆无损坏   D. 以上均正确

参考答案： B

※8. （   ）是汽车动力转向左右转向不一致的原因。

A. 分配阀反作用弹簧过软或损坏

B. 缺液压油或滤油器堵塞

C. 滑阀内有脏物阻滞

D. 油泵磨损

参考答案： C

9. 转向传动机构的横、直拉杆的球头销按顺序装好后，要对其进行（   ）的调整。

A. 侧隙   B. 间隙

C. 紧固   D. 预紧度

参考答案： D

※10. （   ）是装备动力转向系统的汽车方向发飘的原因。

A. 油泵磨损

B. 缺液压油或滤油器堵塞

C. 油路中有气泡

D. 分配阀反作用弹簧过软或损坏

参考答案： D

11. 若左转向灯搭铁不良，当转向开关拨至左转向时的现象是（   ）。

A. 左、右转向灯都不亮   B. 只有右转向灯亮

C. 只有左转向灯亮   D. 左右转向微亮

参考答案： D

※12. （   ）是装备动力转向系统的汽车方向跑偏的原因。

A. 油泵磨损   B. 缺液压油或滤油器堵塞

C. 油路中有气泡   D. 分配阀反作用弹簧过软或损坏

参考答案： D

13. 壳体上两蜗杆轴承孔公共轴线与两摇臂轴轴承公共轴线（   ）公差应符合规定。

A. 平行度   B. 圆度

C. 垂直度   D. 平面度

参考答案： C

※14. （　　）是导致转向沉重的主要原因。

A. 转向轮轮胎气压过高　　　　B. 转向轮轮胎气压过低

C. 汽车空气阻力过大　　　　　D. 汽车坡道阻力过大

参考答案：B

15. 转向器中蜗杆轴承与蜗杆轴配合的最大间隙不得大于原计划规定的（　　）mm。

A. 0.002

B. 0.02

C. 0.006

D. 0.06

参考答案：C

※16. （　　）有利于转向结束后转向轮和方向盘自动回正，但也容易将坏路面对车轮的冲击力传到方向盘，出现"打手"现象。

A. 可逆式转向器　　　　　　　B. 不可逆式转向器

C. 极限可逆式转向器　　　　　D. 齿轮条式转向器

参考答案：A

17. 转弯半径是指由转向中心到（　　　）。

A. 内转向轮与地面接触点间的距离

B. 外转向轮与地面接触点间的距离

C. 内转向轮之间的距离

D. 外转向轮之间的距离

参考答案：B

※18. （　　）转向器具有结构简单、操作灵敏、维修方便等特点，且被现代轿车广泛应用。

A. 循环球式　　　　　　　　　B. 齿轮-齿条式

C. 蜗杆指销式　　　　　　　　D. 单销式

参考答案：B

解题思路：本题考查考生对现代轿车齿轮-齿条式转向器的认知，现代汽车大部分采用电动转向系统，配置的都是齿轮齿条式转向器。

19. 转向器中蜗杆轴承与壳体配合的最大间隙不得大于原计划规定的（　　）mm。

A. 0.02

B. 0.04

C. 0.06

D. 0.10

参考答案：A

※20. 动力转向液压助力系统转向助力泵损坏会导致（　　）。

A. 不能转向
B. 转向沉重
C. 制动跑偏
D. 行驶跑偏

参考答案：B

解题思路：本题考查考生对动力转向系统作用的认知，该系统只是起到助力作用，假如助力系统损坏，只是助力效果变差，驾驶员要用很大的力量才可以转向。

21. 蜗杆轴承与壳体配合的最大间隙应该（　　）原计划规定的 0.02mm。

A. 小于
B. 大于
C. 等于
D. 取规定值

参考答案：B

※22. 关于转向沉重的原因。甲认为：转向器转向轴弯曲或管柱凹瘪相互摩擦就是转向沉重原因。乙认为：转向器摇臂与衬套间隙过小是其中原因之一。丙认为：转向梯形横、直拉杆球头配合间隙过小是其中原因之一。看法正确的是（　　）。

A. 甲和乙
B. 乙和丙
C. 丙和甲
D. 均错

参考答案：B

※23. 汽车液压动力转向系统原动力来自（　　）。

A. 蓄电池
B. 马达
C. 发动机
D. 油泵

参考答案：C

解题思路：本题考查考生对液压动力转向系统的认知，液压助力转向系统中助力泵的动力来自发动机（通过附件皮带带动助力泵工作）。

※24. 汽车转向时，其内轮转向角（　　）外轮转向角。

A. 大于
B. 小于
C. 等于
D. 大于或等于

参考答案：A

※25. 循环球式转向器第二级传动副是（　　）传动副。

A. 双螺杆　　　　　　　　　B. 齿轮齿条

C. 齿条齿扇　　　　　　　　D. 螺母螺杆

参考答案：C

※26. 循环球式转向器第一级传动副是（　　）传动副。

A. 双螺杆　　　　　　　　　B. 齿轮齿条

C. 齿条齿扇　　　　　　　　D. 螺母螺杆

参考答案：D

※27. 转向操纵机构由转向盘、转向轴、（　　）、转向传动轴等组成。

A. 转向拉杆　　　　　　　　B. 转向节臂

C. 转向万向节　　　　　　　D. 梯形臂

参考答案：C

※28. 转向节各部位螺纹的损伤不得超过（　　）。

A. 一牙　　　　　　　　　　B. 二牙

C. 三牙　　　　　　　　　　D. 四牙

参考答案：B

※29. 转向盘（　　）转动量是指将转向盘从一极限位置转到另一极限位置，转向盘所转过的角度。

A. 最小　　　　　　　　　　B. 自由

C. 最大　　　　　　　　　　D. 极限

参考答案：C

解题思路：本题考查考生对转向盘最大转动量的认知，实质就是方向盘从最左侧转动到最右侧的转动量（方向盘最多能转几圈）。

※30. 转向时通过转向操纵机构，最终使装在左、右（　　）上的两车轮同时偏转，实现汽车转向。

A. 转向拉杆　　　　　　　　B. 转向器

C. 转向节　　　　　　　　　D. 梯形臂

参考答案：C

2.3.2　判断题

※1. 分配阀的滑阀偏离中间位置是汽车动力转向左右转向力不一

致的原因之一。（　　）

参考答案： 对

※2. 汽车转动系的基本功用是将发动机输出的动力传递各车轮。（　　）

参考答案： 错

※3. 汽车转向器一级维护的内容主要有检查转向器、驱动桥的工作状况和密封性，并校紧各螺栓。（　　）

参考答案： 错

※4. 转向操纵机构应转动灵活、无卡滞现象、装配齐全、紧固可靠。（　　）

参考答案： 对

※5. 转向传动机构由转向盘、转向轴、转向万向节、转向传动轴等组成。（　　）

参考答案： 错

※6. 转向节主销与衬套间隙过大只是引起低速打摆现象的原因。（　　）

参考答案： 错

※7. 转向器按结构不同主要有循环球式、齿轮-齿条式和螺母螺杆式。（　　）

参考答案： 错

8. 转向器齿轮、齿条应处于间隙啮合，且齿轮转动灵活。（　　）

参考答案： 对

2.4 制动系

2.4.1 单项选择题

1. 后制动鼓同时起（　　）作用。

A. 车轮　　　　　　　　　　B. 轮胎

C. 轮毂　　　　　　　　　　D. 以上均正确

参考答案： C

2. 安装盘式制动器后，停车状态用力将制动器踏板踩到底（　　），以便使制动摩擦片正确就位。

A. 一次 　　　　　　　　　　　B. 两次

C. 三次 　　　　　　　　　　　D. 数次

参考答案：D

※3.（　　）不会导致气压制动系统制动不良。

A. 空气压缩机损坏 　　　　　　B. 制动软管破裂

C. 制动器室膜片破裂 　　　　　D. 制动踏板行程过小

参考答案：D

> **解题思路**：本题考查考生对气压制动不良故障的判断。利用排除法可以确定除了 D 选项外，其余三个都可能导致制动不良。

4. 下列哪些原因不可能导致制动跑偏现象（　　）。

A. 转向节臂变形

B. 前轮左、右轮轮胎气压不一致

C. 转向性能良好

D. 一侧前轮制动器制动间隙过小或轮毂轴承过紧

参考答案：C

※5.（　　）不是制动跑偏、甩尾的原因。

A. 车架变形 　　　　　　　　　B. 前悬挂弹簧弹力不足

C. 单侧悬挂弹簧弹力不足 　　　D. 一侧车轮制动器制动性能减弱

参考答案：B

6. 就一般防抱死刹车系统而言，下列叙述哪个正确（　　）。

A. 紧急刹车时，可避免车轮抱死而造成方向失控或不稳定现象

B. ABS 故障时，刹车系统将会完全丧失制动力

C. ABS 故障时，方向盘的转向力量将会加重

D. 可提高行车舒适性

参考答案：A

7. 制动主缸皮碗发胀，复位弹簧过软，致使皮碗堵住旁通孔不能回油，会导致（　　）。

A. 制动跑偏 　　　　　　　　　B. 制动抱死

C. 制动拖滞 　　　　　　　　　D. 制动失效

参考答案： C

※8.（　　）是液压制动系制动不良的原因。

A. 总泵旁通阀孔或回油孔堵塞　　B. 制动蹄回位弹簧过软、断折

C. 液压制动系统中有空气　　　　D. 制动管路凹瘪堵塞

参考答案： C

解题思路： 本题考查考生对液压制动不良故障的判断，如果制动系统中有空气，就会导致制动不良，这也是更换刹车油时为什么要排空气的原因。

9. 下列哪种现象属于制动拖滞（　　）。

A. 汽车行驶时，有时出现两前轮各自围绕主销进行角振动的现象，即前轮摆振

B. 轮胎胎面磨损不均匀，胎冠两肩磨损，胎壁擦伤，胎冠中部磨损

C. 驾驶员必须紧握方向盘方能保证直线行驶，若稍微放松方向盘，汽车便自行跑向一边

D. 踏下制动踏板感到高而硬，踏不下去；汽车起步困难，行驶无力；当松抬加速踏板踏下离合器时，尚有制动感觉

参考答案： D

※10.（　　）是制动拖滞的原因。

A. 制动踏板轴卡滞

B. 两后轮制动间隙不一致

C. 两后轮制动气室之一制动管路或接头漏气

D. 后桥悬架弹簧弹力不一致

参考答案： A

11. 制动蹄与制动蹄轴锈蚀，使制动蹄转动复位困难会导致（　　）。

A. 制动失效　　　　　　　　B. 制动跑偏

C. 制动抱死　　　　　　　　D. 制动拖滞

参考答案： B

※12.（　　）用于汽车行驶时减速或停车。

A. 紧急制动　　　　　　　　B. 行车制动

C. 安全制动　　　　　　　　　　　D. 驻车制动

参考答案：B

13. 检查制动蹄摩擦衬片的厚度，标准值为（　　）mm。

A. 3　　　　　　　　　　　　　　　B. 7

C. 11　　　　　　　　　　　　　　 D. 5

参考答案：D

14. 制动时驾驶员必须紧握方向盘方能保证直线行驶，若稍微放松方向盘，汽车便自行跑向一边。这种现象属于（　　）。

A. 制动拖滞　　　　　　　　　　　B. 制动抱死

C. 制动跑偏　　　　　　　　　　　D. 制动失效

参考答案：C

※15.（　　）制动器可以用于行车制动装置失效后应急制动。

A. 平衡式　　　　　　　　　　　　B. 非平衡式

C. 行车　　　　　　　　　　　　　D. 驻车

参考答案：D

16. 在诊断与排除汽车制动故障的操作准备前应准备一辆（　　）汽车。

A. 待排除的有传动系故障的　　　　B. 待排除的有制动系故障的

C. 待排除的有转向系故障的　　　　D. 待排除的有行驶系故障的

参考答案：B

※17.（　　）装置用于使停驶的汽车驻留在原位不动。

A. 紧急制动　　　　　　　　　　　B. 安全制动

C. 行车制动　　　　　　　　　　　D. 驻车制动

参考答案：D

18. 诊断和排除制动跑偏首先应该（　　）。

A. 检查钢板弹簧是否折断或弹力不足

B. 调整制动间隙或轮毂轴承

C. 检查前轮左、右轮轮胎气压是否一致，按规定充气

D. 检查前束是否符合要求

参考答案：C

19. 若制动拖滞故障在制动主缸，应先检查（　　）。

A. 踏板自由行程是否过小

B. 制动踏板复位弹簧弹力是否不足

C. 踏板轴及连杆机构的润滑情况是否良好

D. 回油情况

参考答案： A

※20. 采用气压制动的车辆，气压升至 600kPa 且不使用的情况下，停止空压机（　　）min 后，其气压下降值不能大于 10kPa。

A. 1　　　　　　　　　　　　　B. 3

C. 5　　　　　　　　　　　　　D. 7

参考答案： B

21. 排除制动防抱死装置失效故障后，应该（　　）。

A. 检验驻车制动是否完全释放

B. 清除故障代码

C. 进行路试

D. 检查制动液液面是否在规定的范围内

参考答案： B

※22. 采用气压制动的机动车当气压升至（　　）kPa 且不使用制动的情况下，停止空气压缩机 3min 后，其气压的降低值应不大于 10kPa。

A. 200　　　　　　　　　　　　B. 400

C. 600　　　　　　　　　　　　D. 800

参考答案： C

23. 在诊断与排除制动防抱死故障灯报警故障时，连接"STAR"扫描仪和 ABS 自诊断连接器，接通"STAR"扫描仪上的电源开关，按下中间按钮，再将车上的点火开关转到 ON 位置，如果有故障码存储在电脑中，那么在（　　）s 内将从扫描仪的显示器显示出来。

A. 15　　　　　　　　　　　　　B. 30

C. 45　　　　　　　　　　　　　D. 60

参考答案： C

※24. 采用气压制动的机动车当气压升至 600kPa 且不使用制动的情况下，停止空气压缩机 3min 后，其气压降低值应不大于（　　）kPa。

A. 5　　　　　　　　　　　　　B. 10

C. 15 D. 20

参考答案：B

25. 安装盘式制动器后，（ ）用力将制动器踏板踩到底数次，以便使制动摩擦片正确就位。

A. 停车状态 B. 启动状态

C. 怠速状态 D. 行驶状态

参考答案：A

※26. 并列双腔制动主缸中前活塞回位弹簧的弹力（ ）后活塞回位弹簧弹力。

A. 大于 B. 小于

C. 等于 D. 大于或等于

参考答案：A

27. 制动蹄摩擦衬垫厚度标准值为（ ）mm。

A. 5 B. 6

C. 7 D. 8

参考答案：A

28. 拆卸制动鼓，必须用（ ）。

A. 梅花扳手 B. 专用扳手

C. 常用工具 D. 以上均正确

参考答案：B

※29. 用手施加于驻车制动装置操纵装置上的力，对于座位数小于或等于9的载客汽车应不大于（ ）N。

A. 100 B. 200

C. 400 D. 600

参考答案：C

30. 制动气室外壳出现（ ），可以用敲击法整形。

A. 凸出 B. 凹陷

C. 裂纹 D. 以上均正确

参考答案：B

※31. 制动时，液压制动系统中制动主缸与制动轮缸的油压是（ ）。

A. 主缸高于轮缸 B. 主缸低于轮缸

C. 轮缸主缸相同   D. 不确定

参考答案： C

> **解题思路：** 本题考查考生对制动系统中压力和压强的认知，虽然制动主缸和轮缸的压力和受力面积不同，但是压强（这里叫油压）是相同的。

32. 用平板制动试验台检验，驾驶员以（   ）km/h 的速度将车辆对正平板台并驶向平板。

A. 5～10   B. 10～15

C. 15～20   D. 20～25

参考答案： A

33. 防抱死控制系统的警告灯持续点亮，这种现象是（   ）。

A. 制动跑偏   B. 制动防抱死装置失效

C. 制动抱死   D. 制动拖滞

参考答案： B

※34. 制动蹄和制动鼓之间间隙过大，应调整（   ）。

A. 制动踏板高度   B. 制动气室压力

C. 储气筒压力   D. 制动底板上的偏心支承

参考答案： D

> **解题思路：** 本题考查考生对鼓式制动器结构的认知，如果制动蹄和制动鼓的间隙过大，应该调整偏心支承使间隙变小。

35. 汽车行驶一定里程后，用手触摸制动鼓均感觉发热，表明故障在（   ）。

A. 制动踏板不能迅速复位

B. 制动主缸

C. 车轮制动器

D. 踏板轴及连杆机构的润滑情况不好

参考答案： B

※36. 制动蹄和制动鼓之间间隙过大，将会导致（   ）。

A. 车辆行驶跑偏   B. 制动不良

C. 制动时间变长   D. 制动距离变长

参考答案： B

37. 诊断、排除自动防抱死系统失效故障首先应该（　　）。

A. 通过警告灯读取故障代码

B. 对系统进行直观检查

C. 确认故障情况和故障症状

D. 利用必要的工具和仪器对故障部位进行深入检查

参考答案： C

※38. 制动蹄与制动鼓之间的间隙过小，将导致（　　）。

A. 车辆行驶跑偏　　　　　　　　B. 无制动

C. 制动时间变长　　　　　　　　D. 制动距离变长

参考答案： B

39. 制动鼓内径标准值为（　　）mm。

A. 200　　　　　　　　　　　　B. 190

C. 180　　　　　　　　　　　　D. 181

参考答案： A

※40. 制动主缸装配前，用（　　）清洗缸壁。

A. 酒精　　　　　　　　　　　　B. 汽油

C. 柴油　　　　　　　　　　　　D. 防冻液

参考答案： A

41. 若制动拖滞故障在制动主缸，应先检查（　　）。

A. 踏板自由行程是否过小

B. 制动踏板复位弹簧弹力是否不足

C. 踏板轴及连杆机构的润滑情况是否良好

D. 回油情况

参考答案： A

42. 制动踏板自由行程大于规定值，应该（　　）。

A. 调整　　　　　　　　　　　　B. 调大

C. 继续使用　　　　　　　　　　D. 以上均正确

参考答案： B

43. 制动蹄摩擦衬垫厚度标准值为（　　）mm。

A. 5　　　　　　　　　　　　　B. 6

C. 7　　　　　　　　　　　　　D. 8

参考答案： A

44. 制动气室外壳出现（　　），可以用敲击法整形。

　　A. 凸出　　　　　　　　　　B. 凹陷

　　C. 裂纹　　　　　　　　　　D. 以上均正确

参考答案： B

45. 下列制动跑偏的原因中不包括（　　）。

　　A. 制动踏板损坏

　　B. 有一侧钢板弹簧错位或折断

　　C. 转向桥或车架变形，左右轴距相差过大

　　D. 两侧主销后倾角或车轮外倾角不等，前束不符合要求

参考答案： A

46. 下列哪种现象不属于制动跑偏的现象（　　）。

　　A. 制动突然跑偏　　　　　　　B. 向右转向时制动跑偏

　　C. 有规律的单向跑偏　　　　　D. 规律的忽左忽右地跑偏

参考答案： B

47. 出现制动跑偏故障，如果轮胎气压一致，用手触摸跑偏一边的制动鼓和轮毂轴承过热，应（　　）。

　　A. 检查钢板弹簧是否折断或弹力不足

　　B. 调整制动间隙或轮毂轴承

　　C. 检查前束是否符合要求

　　D. 检查左右轴距是否相等

参考答案： B

48. 下列制动跑偏的原因中不包括（　　）。

　　A. 制动踏板损坏

　　B. 有一侧钢板弹簧错位或折断

　　C. 转向桥或车架变形，左右轴距相差过大

　　D. 两侧主销后倾角或车轮外倾角不等，前束不符合要求

参考答案： A

49. 盘式制动器制动蹄的检修首先应该（　　）。

　　A. 支起汽车前部，拆下需要检修那侧的车轮

　　B. 拧出制动液箱注液孔的塞子，用聚乙烯塑料盖住注液孔并塞上塞子，以便在拆软管时减少制动液泄漏

　　C. 抽出 2 个 R 形夹子，拔出制动蹄压板的止动销，拆下压板

D. 拉出制动蹄，并注意哪一面朝外

参考答案：A

50. 制动鼓内径标准值为（　　）mm。

A. 200

B. 190

C. 180

D. 181

参考答案：A

51. 更换踏板时，必须（　　）制动踏板的自由行程。

A. 测量调整

B. 加大

C. 减小大于

D. 以上均正确

参考答案：A

2.4.2　判断题

※1. 拆卸制动钳前，先从主缸储液室中放出全部制动液，以防止在维修时溢出。（　　）

参考答案：错

> **解题思路**：本题考查考生对制动液排放相关知识的认知，制动液的排出是通过每个制动轮缸上的排气孔。

2. 安装防抱死制动装置（ABS）的车辆制动，可用力踏制动踏板。（　　）

参考答案：对

※3. 盘式车轮制动器均装有间隙自调机构，不需要专门调整。（　　）

参考答案：对

4. 制动踏板自由行程大于规定值，可以继续使用。（　　）

参考答案：错

※5. 盘式制动器外部尺寸小，防泥沙和防水性能好，因而得到广泛应用。（　　）

参考答案：错

※6. 汽车制动系中，凸轮式制动器多用气体作为工作介质。（　　）

参考答案：对

7. 制动蹄摩擦片与制动鼓间隙过小，制动蹄复位弹簧过软、折断，可导致制动跑偏。（　　）

参考答案：错

8. 有制动跑偏故障的汽车即使驾驶员紧握方向盘能保证直线行驶，制动也可能会跑偏。（　　）

参考答案：对

※9. 汽车驻车制动器中，有少数汽车的驻车制动器装在主减速器主动轴的前面。（　　）

参考答案：对

10. 防抱死控制系统的警告灯持续点亮或感觉防抱死控制系统工作不正常，说明有制动拖滞故障。（　　）

参考答案：错

※11. 前后独立方式的双回路液压传动装置，由双腔主缸通过两套独立回路分别控制车轮制动器。（　　）

参考答案：对

※12. 行车制动系的踏板自由行程越大越好。（　　）

参考答案：错

13. 汽车行驶一定里程后，用手触摸制动鼓，若个别制动鼓发热，则故障在车轮制动器。（　　）

参考答案：对

※14. 由于真空增压器助力也较大，为此重型汽车采用空气增压装置。（　　）

参考答案：错

※15. 制动传动装置按制动管路布置可分为单管路制动传动装置和双管路制动传动装置。（　　）

参考答案：对

※16. 制动阀调整不当是气压制动系统制动不良的原因之一。（　　）

参考答案：对

※17. 制动阀排气间隙过小会造成制动失效。（　　）

参考答案：对

18. 在测量制动时，为了获得足够的附着力以避免车轮抱死，允许

在车辆上增加足够的附加质量和施加相当于附加质量的作用力。（　　）

参考答案： 对

※19. 制动蹄回位弹簧折断或弹力不够是制动拖滞的原因之一。
（　　）

参考答案： 对

20. 用手触摸制动鼓和轮毂轴承，若发现过热，肯定是制动跑偏故障。（　　）

参考答案： 错

※21. 制动蹄摩擦片制动鼓间隙过小，只是液压制动系卡死的原因。（　　）

参考答案： 错

※22. 制动蹄片磨损过量只是液压制动系失效的原因。（　　）

参考答案： 错

※23. 制动总泵、制动踏板行程调整不当就是气压制动不良的原因。（　　）

参考答案： 对

※24. 驻车制动器制动机构有盘式、鼓式、带式和弹簧作用式等形式。（　　）

参考答案： 对

※25. 驻车制动装置通常由驾驶员用手操纵。（　　）

参考答案： 对

※26. 总泵旁通孔或回油孔堵塞是液压制动系统卡死的原因之一。
（　　）

参考答案： 错

※27. 汽车制动凸轮轴与底板支座承孔的配合间隙应不得大于
0.05mm。（　　）

参考答案： 错

第**3**章

汽车空调试题精选

3.1 单项选择题

1. 空调系统外面空气管道打开，会造成（　　）。

A. 冷气产生 　　　　　　　　　B. 系统太冷

C. 间断制冷 　　　　　　　　　D. 冷空气量不足

参考答案：D

※2. 加热器芯内部堵塞，会导致（　）。

A. 暖气不足 　　　　　　　　　B. 冷气不足

C. 不制冷 　　　　　　　　　　D. 过热

参考答案：A

> **解题思路**：本题考查考生对空调取暖系统结构的认知，如果加热器芯内部堵塞，会导致暖气不足。

3. 压缩机排量减小会导致（　　）。

A. 不制冷 　　　　　　　　　　B. 间歇制冷

C. 供暖不足 　　　　　　　　　D. 制冷量不足

参考答案：D

※4.（　　）是查找空调制冷剂微小泄漏最有效的方法之一。

A. 加压泄漏 　　　　　　　　　B. 紫外线检漏法

C. 充注试漏　　　　　　　　　　D. 真空试漏

参考答案：B

> **解题思路**：查找空调微小泄漏点最好的方法是荧光检漏法。

5. 制冷系统中有水汽，会引起（　　）发出噪声。

A. 压缩机　　　　　　　　　　　B. 蒸发器

C. 冷凝器　　　　　　　　　　　D. 膨胀阀

参考答案：D

※6.（　　）用来吸收汽车空调系统中制冷剂中的水分。

A. 储液干燥器　　　　　　　　　B. 冷凝器

C. 膨胀阀　　　　　　　　　　　D. 蒸发器

参考答案：A

> **解题思路**：本题考查考生对空调中储液干燥器作用的认知，储液干燥器的作用：一是储存多余的液态制冷剂，二是吸收系统中的水分。

7. 膨胀阀卡住在开启最大位置，会导致（　　）。

A. 冷气不足　　　　　　　　　　B. 系统太冷

C. 冷气产生　　　　　　　　　　D. 间断制冷

参考答案：C

※8. 采用分体顶置式空调装置的大客车，其空调压缩机由（　　）驱动。

A. 专门空调发动机

B. 液压马达

C. 专门空调发动机或行驶发动机

D. 电机

参考答案：C

> **解题思路**：对于大客车，为了保证制冷效果，一般都有独立的发动机来驱动空调压缩机工作。

※9. 采用双向活塞式的斜盘空调压缩机，可获得的好处主要是（　　）。

A. 双向活塞形成的气压串联，可提升气压

B. 提高工效，增大排量

C. 减少工效

D. 减少驱动转矩

参考答案：B

10. 蒸发器控制阀损坏或调节不当，会造成（　　　）。

A. 冷空气不足

B. 系统太冷

C. 系统噪声大

D. 操纵失灵

参考答案：A

※11. 采用双向活塞式的斜盘空调压缩机，其进、排气阀片是（　　　）。

A. 安装于前端

B. 安装于后端

C. 前后端分别都有

D. 进气阀片装在前端，排气阀装在后端

参考答案：C

※12. 充氟试漏是向系统注充氟利昂蒸气，使系统压力高达（　　　）Pa，然后用卤素灯检漏仪检测。

A. 0.15

B. 0.25

C. 0.35

D. 0.45

参考答案：C

13. 制冷系统中有水汽，引起部位间断结冰，会造成（　　　）。

A. 冷气产生

B. 冷气不足

C. 间断制冷

D. 系统太冷

参考答案：C

14. 制冷系统高压侧压力过高，并且膨胀阀发出噪声，说明（　　　）。

A. 系统中有空气

B. 系统中有水汽

C. 制冷剂不足

D. 干燥灌堵塞

参考答案：B

※15. 打开鼓风机开关，鼓风机不运转，可能线路上存在（　　　）。

A. 断路

B. 短路

C. 搭铁

D. 击穿

参考答案：A

解题思路：本题考查考生对空调鼓风机不转故障的认知，由于线路断路会导致鼓风机不工作。

16. 除霜热风出口位于（　　　）。

A. 仪表台下方　　　　　　　　B. 仪表台上方

C. 仪表台后方　　　　　　　　D. 变速杆前方

参考答案：B

※17. 鼓风机被卡住不能运转，会导致（　　　）。

A. 蓄电池损坏　　　　　　　　B. 保险被烧毁

C. 风机开关　　　　　　　　　D. 发电机

参考答案：B

解题思路：一般在鼓风机电路里都有保险丝，如果鼓风机被卡住，那么保险丝一般会被烧断来保护电路。

18. 汽车暖风装置的功能是向车内提供（　　　）。

A. 冷气　　　　　　　　　　　B. 暖气

C. 新鲜空气　　　　　　　　　D. 适宜气流的空气

参考答案：B

19. 向车内提供新鲜空气和保持适宜气流的装置是（　　　）。

A. 制冷装置　　　　　　　　　B. 采暖装置

C. 送风装置　　　　　　　　　D. 净化装置

参考答案：C

※20. 关于空调压缩机不运转故障，甲说原因可能是电磁离合器皮带盘与压力接合面磨损严重打滑；乙说原因可能是电磁离合器与从动压力板连接半圆键松脱。你认为（　　　）。

A. 甲正确　　　　　　　　　　B. 乙正确

C. 甲乙都正确　　　　　　　　D. 甲乙都不正确

参考答案：C

21. 气暖式加热系统属于（　　　）。

A. 独立热源加热式　　　　　　B. 冷却水加热式

C. 余热加热式　　　　　　　　D. 火焰加热式

参考答案：C

※22. 检查汽车空调系统泄漏时可用肥皂水泡法，应使空调处于

（   ）。

    A. 压缩机低速运转   B. 压缩机停机

    C. 压缩机中速运转   D. 系统运作，但不制冷

参考答案： A

※23. 检查汽车空调压缩机性能时，应使发动机转速达到（   ）r/min。

    A. 1000   B. 1500

    C. 1600   D. 2000

参考答案： B

24. 检修空调所使用的压力表歧管总成一共（   ）块压力表。

    A. 1   B. 2

    C. 3   D. 4

参考答案： B

25. 空调"怠速继电器"的作用是（   ）。

    A. 保护空调压缩机

    B. 发动机转速低到某一转速时，使空调压缩机停止运转

    C. 避免空调电路因大电流而烧坏

    D. 控制发动机怠速

参考答案： D

> **解题思路：** 开空调时会增加发动机负荷，如果不提升发动机速度，发动机可能会抖动甚至熄火。

26. 汽车空调的诊断参数中没有（   ）。

    A. 风量   B. 温度

    C. 湿度   D. 压力

参考答案： C

※27. 空调系统高压侧压力达到规定值后，空调压缩机离合器分离，原因可能为（   ）。

    A. 高压开关致使空调压缩机离合器电路断开

    B. 安全阀作用导致空调压缩机电磁离合器断路

    C. 空调压缩机损坏

    D. 空调压缩机控制线路断路

参考答案： A

28. 用于连接制冷装置低压侧接口与低压表下的接口的软管颜色为（　　）。

A. 蓝色　　　　　　　　　　　B. 红色

C. 黄色　　　　　　　　　　　D. 绿色

参考答案： A

※29. 空调系统工作时，若蒸发器内制冷不足，离开蒸发器的制冷剂会是处于（　　）状态。

A. 高于正常压力、温度较低的气态

B. 低于正常压力，温度较高的气态

C. 高于正常压力、温度较高的液态

D. 低于正常压力、温度较低的液态

参考答案： B

30. 制冷剂装置的检漏方法中，最简单易行的方法是（　　）。

A. 肥皂水检漏法　　　　　　　B. 卤素灯检漏法

C. 电子检漏仪检漏法　　　　　D. 加压检漏法

参考答案： A

※31. 空调系统工作时，若蒸发器内制冷剂不足，离开（　　）的制冷剂会是处于低于正常压力、温度较高的气体状态。

A. 冷凝器　　　　　　　　　　B. 压缩机

C. 储液干燥器　　　　　　　　D. 蒸发器

参考答案： D

32. 氟利昂 R12 是（　　）气体。

A. 有颜色、气味　　　　　　　B. 有颜色、有气味

C. 有气味、颜色　　　　　　　D. 颜色、气味

参考答案： D

※33. 空调与暖风机系统延时继电器的作用是（　　）。

A. 在发动机冷却液达到预定温度之前防止加热循环

B. 在发动机启动后转速稳定之前延迟空调系统的启动

C. 在发动机冷却液达到预定温度之前防止制冷循环

D. 在发动机冷却液达到预定温度之前防止冷却水循环

参考答案： B

34. 制冷装置在拆卸调换部件时，在充注制冷剂之前必须（　　）。

A. 清洗
B. 加压
C. 抽空
D. 加油

参考答案：C

35. 恒温器调整的断开温度过低，会造成（　　）。

A. 冷气不足
B. 冷气产生
C. 间断制冷
D. 系统太冷

参考答案：C

※36. 汽车空调鼓风机的无级变速电路，是采用（　　）的调速控制原理。

A. 步进式
B. 开关式
C. 占空比
D. 电位器

参考答案：C

> **解题思路**：本题考查考生对空调鼓风机调速原理的认知，鼓风机有级调速是利用串联电阻的方法实现，而鼓风机无级调速是利用占空比的方法实现的。

37. 制冷系统工作时发出噪声，高低压表读数过高，说明（　　）。

A. 制冷剂不足
B. 制冷剂过量
C. 压缩机损坏
D. 膨胀阀损坏

参考答案：B

38. 空调压缩机油面太低，则系统出现（　　）现象。

A. 冷气不足
B. 间断制冷
C. 不制冷
D. 噪声大

参考答案：D

※39. 汽车空调管道上的低压开关的作用是（　　）。

A. 低压触点无压力常闭
B. 制冷剂过量泄漏后，防止压缩机继续运转
C. 低压触点有压力常开
D. 防止制冷系统管道破裂

参考答案：B

> **解题思路**：空调系统中设计低压开关，是为了防止空调管路中缺少制冷剂和冷冻机油，使压缩机缺少润滑而磨损加剧，缩短压缩机使用寿命。

40. 空气压缩机的装配中，组装好活塞连杆组，使活塞环开口相互错开（　　）。

A. 30°

B. 60°

C. 90°

D. 180°

参考答案：D

※41. 汽车空调系统的（　　）在系统压力过低时起作用。

A. 高压压力开关

B. 安全阀

C. 低压压力开关

D. 电磁离合器

参考答案：C

※42. 汽车空调系统低压压力开关在（　　）时起作用。

A. 系统压力过高

B. 系统压力过低

C. 过高或过低

D. 系统压力过高、系统压力过低、过高或过低都不是

参考答案：B

※43. 汽车空调系统控制元件中，开、停压缩机的控制元件是（　　）。

A. 怠速继电器

B. 过热开关

C. 蒸发压力调节阀

D. 电磁离合器

参考答案：D

解题思路：汽车空调系统是通过控制电磁离合器的开闭来控制制冷剂是否循环。

44. 压缩机零件磨损或安装托架松动，会造成（　　）。

A. 冷气产生

B. 系统太冷

C. 间断制冷

D. 系统噪声大

参考答案：D

※45. 汽车空调系统中，（　　）将系统的低压侧与高压侧分隔开。

A. 空调压缩机

B. 干燥罐

C. 蒸发器

D. 冷凝器

参考答案：A

解题思路：四个选项中只有空调压缩机可以隔离空调管路中的高压侧和低压侧，空调压缩机吸入口是低压侧，而空调压缩机排出口是高压侧。

46. 检查制冷系统高低压侧制冷剂压力的工具是（　　）。

A. 气压表　　　　　　　　　B. 油压表

C. 电压表　　　　　　　　　D. 歧管压力表

参考答案：D

※47. 汽车空调系统中，电磁离合器的作用是用来控制（　　）之间的动力传递。

A. 发动机与电磁离合器　　　B. 发动机与压缩机

C. 压缩机与电磁离合器　　　D. 压缩机与启动机

参考答案：B

解题思路：本题考查考生对电磁离合器结构的认知，电磁离合器是连接发动机和空调压缩机的零件，汽车空调通过电磁离合器的工作与否来决定汽车空调是否工作。

48. 压缩机电磁离合器前锁紧螺母的拧紧力矩为（　　）。

A. 20～30N·m　　　　　　B. 34～41N·m

C. 50～60N·m　　　　　　D. 40～50N·m

参考答案：B

※49. 汽车空调系统中，对压缩机电磁离合器的检查不包括（　　）。

A. 电磁离合器运转有无异响噪声

B. 轴承有无明显松旷

C. 阀片运行情况

D. 线路有无短路和断路现象

参考答案：C

解题思路：根据排除法，我们可以确定C选项不是电磁离合器的检查项目。

※50. 汽车空调系统中，过热开关系统处于（　　）状态下闭合，使压缩机停止转动。

A. 制冷剂过量　　　　　　　B. 制冷剂过少

C. 制冷剂中混有空气　　　　D. 润滑机油过量

参考答案：B

51. 空调系统处风道空气不足，会造成（　　）。

A. 冷空气不足　　　　　　　　B. 冷气产生

C. 系统太冷　　　　　　　　　D. 间断制冷

参考答案： A

※52. 汽车空调系统中，为制冷循环提供动力的部件是（　　）。

A. 储液干燥器　　　　　　　　B. 空调压缩机

C. 蒸发器　　　　　　　　　　D. 冷凝器

参考答案： B

> **解题思路：** 本题考查考生对汽车空调压缩机的认知。汽车空调压缩机的实质是一个泵，这个泵的作用就是推动空调管路中的制冷剂和冷冻机油循环，以达到制冷的目的。

53. 氟利昂 R12 和水的（　　）。

A. 溶解度较大　　　　　　　　B. 溶解度较小

C. 任意比例互溶　　　　　　　D. 不容解

参考答案： B

54. 打开鼓风机开关，只能在高速挡位上运转，说明（　　）。

A. 鼓风机开关损坏　　　　　　B. 调速电阻损坏

C. 鼓风机损坏　　　　　　　　D. 供电断路

参考答案： B

※55. 汽车空调制冷循环顺序是（　　）。

A. 压缩机—干燥过滤器—蒸发器—冷凝器—膨胀阀

B. 蒸发器—膨胀阀—冷凝器—干燥过滤器—压缩机

C. 膨胀阀—冷凝器—干燥过滤器—压缩机—蒸发器

D. 冷凝器—干燥过滤器—膨胀阀—蒸发器—压缩机

参考答案： D

※56. 如果空调系统低压和高压侧压力较低，从储液干燥器到空调压缩机间的管路都结霜，可能的故障原因是（　　）。

A. 制冷剂过量　　　　　　　　B. 制冷剂不足

C. 制冷剂循环不良　　　　　　D. 系统泄漏

参考答案： C

57. 温度、湿度、流速和清洁度是衡量汽车（　　）质量的指标。

A. 发动机　　　　　　　　　　B. 底盘

C. 车身   D. 空调

参考答案： D

※58. 维修汽车空调制冷系统后，给空调系统抽真空时间最少要达（　　）。

A. 5min   B. 10min

C. 18min   D. 30min 以上

参考答案： A

解题思路： 本题考查考生对汽车空调系统抽真空的认知，为了在抽真空环节，使空调管路中的水分和空气都排除干净，规定了抽真空的时间不能低于 5min。

※59. 斜盘空调压缩机的润滑，主要靠（　　）润滑方式进行的润滑。

A. 飞溅

B. 压力

C. 制冷剂中带有润滑油进行自然循环润滑

D. 重力

参考答案： B

60. 天气较热时，提供冷气，以降低车厢内温度的装置是（　　）。

A. 制冷装置   B. 暖风装置

C. 送风装置   D. 加湿装置

参考答案： A

※61. 造成汽车空调压缩机频繁动作的最主要原因是（　　）。

A. 制冷剂过少

B. 气温传感器安装位置蒸发器较远

C. 冷凝器风扇频繁运转

D. 温度设定值过高

参考答案： D

62. 蒸发器被灰尘异物堵住，会造成空调系统（　　）。

A. 冷气产生   B. 冷气量不足

C. 系统太冷   D. 间断制冷

参考答案： B

※63. 制冷剂进入压缩机时的状态为 （　　）。

A. 低压过热蒸气　　　　　　　　B. 低压过冷蒸气

C. 高压过热蒸气　　　　　　　　D. 高压过冷蒸气

参考答案：A

64. 相对密度是指温度为 25℃ 时的值，环境温度每升高 1℃ 则应（　　）0.0007。

A. 加上　　　　　　　　　　　　B. 减去

C. 乘以　　　　　　　　　　　　D. 除以

参考答案：B

※65. 制冷剂离开压缩机时的状态为 （　　）。

A. 低压过热蒸气　　　　　　　　B. 低压过冷蒸气

C. 高压过热蒸气　　　　　　　　D. 高压过冷蒸气

参考答案：C

> **解题思路**：本题考查考生对汽车空调系统中制冷剂状态变化的认知，空调压缩机吸入的是低温低压的气态制冷剂，排出的是高温高压的气态制冷剂。

※66. 维修空调制冷系统时，如更换压缩机，则新压缩机机油加注量为（　　）。

A. 保持新压缩机的机油量　　　　B. 倒出新压缩机内所有机油

C. 与旧压缩机内机油等量　　　　D. 比旧压缩机机油量再多 20mL

参考答案：D

67. 汽车空调的主要功能是调节空气的 （　　）。

A. 温度　　　　　　　　　　　　B. 湿度

C. 洁净度　　　　　　　　　　　D. 流速

参考答案：A

※68. 使用空调时，下列 （　　） 影响制冷效果。

A. 乘客过多　　　　　　　　　　B. 汽车快速行驶

C. 大负荷　　　　　　　　　　　D. 门窗关闭不严

参考答案：D

69. 加压检漏法是先向制冷剂装置内充入 （　　） 的高压气体，然后再找出泄漏点。

A. 1～2kPa
B. 1～2MPa
C. 3～4MPa
D. 3～4kPa

参考答案： B

70. 天气寒冷时，向车内提供暖气，以提高车厢内温度的装置是
（　　）。

A. 制冷装置
B. 暖风装置
C. 送风装置
D. 加湿装置

参考答案： B

71. 制冷系统高压侧压力过高，并且膨胀阀发出噪声，说明
（　　）。

A. 系统中有空气
B. 系统中有水汽
C. 制冷剂不足
D. 干燥罐堵塞

参考答案： B

※72. 阳光下检测空调的制冷性能时，可关闭门窗时让空调运行半
小时，车厢内外应有（　　）温差，表示这个制冷系统良好。

A. 7～8℃
B. 10～12℃
C. 13～15℃
D. 15℃

参考答案： A

※73. 用气体渗漏试验空气压缩机，通过充填阀向空调压缩机充入
制冷剂的压力需要达到（　　）MPa。

A. 0.294
B. 0.101
C. 0.602
D. 1.003

参考答案： A

74. 高压表用于检测空调装置的（　　）。

A. 吸气压力
B. 排气压力
C. 蒸发压力
D. 以上压力均可测

参考答案： B

75. 冷冻油应放大密封的容器中存储，否则易（　　）。

A. 变质
B. 脏污
C. 吸收水分
D. 挥发

参考答案： C

76. 水暖式加热系统属于（　　）。

A. 独立热源加热式   B. 余热加热式

C. 废气加热式   D. 火焰加热式

参考答案： B

77. 天气较热时，提供冷气，以降低车厢内温度的装置是（   ）。

A. 制冷装置   B. 暖风装置

C. 送风装置   D. 加湿装置

参考答案： A

78. 热交换器的冷却器根据冷却介质不同可分为风冷式、水冷式和（   ）。

A. 冷媒式   B. 多管式

C. 油冷式   D. 蛇形管式

参考答案： A

79. 制冷系统工作时发出噪声，高低压表读数过高，说明（   ）。

A. 制冷剂不足   B. 制冷剂过量

C. 压缩机损坏   D. 膨胀阀损坏

参考答案： B

80. 冷凝器周围空气不够会造成（   ）。

A. 冷气产生   B. 冷空气不足

C. 系统太冷   D. 间断制冷

参考答案： B

81. 用厚薄规检查电磁离合器四周边的空气间隙，应在（   ）范围内。

A. $0.1 \sim 0.5mm$ B. $0.2 \sim 0.8mm$

C. $0.4 \sim 0.8mm$ D. $0.6 \sim 1mm$

参考答案： C

3.2 判断题

※1. 汽车制冷系统是否正常工作由空调操纵面板上的 AC 开关控制。（   ）

参考答案： 对

2. 加压检漏法用于检修后装配完毕，但未充足制冷剂的空调制冷装置。（　　）

参考答案：对

3. 所有汽车都安装有空气净化装置。（　　）

参考答案：错

※4. 测量空调系统压力时，如果低压侧指示真空，高压侧指示压力过低，而且系统不制冷，或间歇制冷，说明制冷剂不足。（　　）

参考答案：错

5. 热交换器的冷却器根据冷却介质不同可分为油冷式、水冷式和冷媒式。（　　）

参考答案：错

6. 压缩机皮带轮转动，而压缩机轴不转，说明电磁离合器损坏。（　　）

参考答案：对

※7. 鼓风机损坏，只影响采暖，而不影响制冷。（　　）

参考答案：错

> **解题思路：**空调的冷热风全部要靠鼓风机，所以如果鼓风机损坏，既影响制冷，也影响制热。

※8. 检查空调鼓风机开关，当位于最大风挡时其电阻值应为零，如果电阻值变大或部分不通，应更换开关。（　　）

参考答案：对

9. 加热器漏水，会导致加热器产生异味。（　　）

参考答案：对

10. 高压辅助阀关闭，引起压缩机颤动，高压表读数过高。（　　）

参考答案：对

※11. 空调调节器故障会导致空调压缩机不运转故障。（　　）

参考答案：对

12. 热交换器的冷却器根据冷却介质不同可分为风冷式、蛇形管式和冷媒式。（　　）

参考答案：错

※13. 空调系统怠速继电器的主要功能是防止汽车怠速时由于空调

压缩机负荷造成发动机工作不稳。（　　）

参考答案：对

※14. 空调制冷系统中设有压力开关电路的目的是当系统内压力过高时停止空调压缩机的工作。（　　）

参考答案：对

※15. 冷凝器是汽车空调系统的动力源。（　　）

参考答案：错

> **解题思路**：汽车空调的动力源是空调压缩机。

16. 调速电阻损坏后，鼓风机开关在任何位置，电机都不转。（　　）

参考答案：错

17. 水暖式加热系统的热源为发动机冷却水。（　　）

参考答案：错

※18. 汽车空调系统在工作时，压缩机上的进、出冷气管应无明显温差。（　　）

参考答案：错

> **解题思路**：汽车空调压缩机上的进出口管应该有明显的温差。

※19. 汽车空调系统中，热敏电阻或自动调温器一般安装蒸发器进风外侧，以检查冷凝器的温度变化，从而控制压缩机电磁离合器工作。（　　）

参考答案：错

> **解题思路**：热敏电阻或者自动调温器一般安装在蒸发器的进风外侧，以检查蒸发器的温度变化。

20. 热气漏风不会影响挡风玻璃的除霜效果。（　　）

参考答案：对

21. 移动式空调维修盒是一个可移动的组合体，具有较全面的维修功能。（　　）

参考答案：对

※22. 汽车空调压力开关也称压力继电器。（　　）

参考答案：对

23. 维修空调时，若有移动式空调维修台，就需其他工具。（　　）

参考答案：错

※24. 汽车空调压缩机电磁离合器线圈两端并联的二极管是为了整流。（ ）

参考答案： 错

解题思路： 电磁离合器上并联的二极管是为了削减线圈断开时的感应电压。

※25. 汽车空调压缩机上装有转速传感器，其作用是判断空调压缩机的工作状况。（ ）

参考答案： 对

26. 氟利昂 R12 碰到皮肤、眼睛会吸收大量的热量，使人体冻伤。（ ）

参考答案： 对

※27. 蒸发器传感器故障会导致空调压缩机不运转故障。（ ）

参考答案： 对

28. 空调系统出现漏水，应急时更换软管，接牢接头。（ ）

参考答案： 对

※29. 制冷系统如果制冷剂泄漏速度很慢，对冷冻机油泄漏影响不大。（ ）

参考答案： 对

30. 加压检漏法用于检修后装配完毕，但未充足制冷剂的空调制冷装置。（ ）

参考答案： 对

※31. 带有检视窗的储液干燥器能发现制冷系统制冷剂量和系统工作是否正常。（ ）

参考答案： 对

※32. 更换汽车空调压缩机时，空调压缩机皮带要同时进行更换。（ ）

参考答案： 错

解题思路： 更换空调压缩机时，不用连同皮带一起更换。

33. 不同地区、不同气候条件，可采用单一采暖或单一冷气功能的空调。（ ）

参考答案： 对

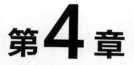

第4章

汽车电气试题精选

4.1 单项选择题

※1. 每个电动后视镜上有（　　　）调整电动机和驱动镜。

A. 一套　　　　　　　　　B. 二套

C. 三套　　　　　　　　　D. 四套

参考答案：A

> **解题思路**：后视镜上有负责上下调节的一个电动机和负责左右调节的电动机，所以是一套。

※2. （　　　）不能导致所有电动座椅都不能动。

A. 熔断器故障　　　　　　B. 搭铁不良

C. 搭铁线断路　　　　　　D. 右后乘客侧开关故障

参考答案：D

> **解题思路**：能导致所有电动座椅不动的必然是四个座椅电路的公共部分，而 D 不是公共部分。

3. 三桥式整流电路由三相绕组、六个二极管和（　　　）组成。

A. 三极管　　　　　　　　B. 电阻

C. 电容　　　　　　　　　D. 负载

参考答案：D

4. 启动机的控制机构种类有（　　）和电磁操纵式两类。

A. 增速机构　　　　　　　　　　B. 机械操纵式

C. 传动机构　　　　　　　　　　D. 减速机构

参考答案：B

※5.（　　）导致驾驶员电动座椅不能动。

A. 熔断器故障　　　　　　　　　B. 主控开关搭铁不良

C. 主控开关搭铁线断路　　　　　D. 驾驶员侧开关故障

参考答案：D

> **解题思路**：单个电动座椅不能动肯定是单个开关故障引起的。

6. 汽车防盗装置的分类：（　　）、电子式类型。

A. 触摸式　　　　　　　　　　　B. 机械式

C. 电子钥匙式　　　　　　　　　D. 按键式

参考答案：B

7. 前照灯搭铁不实，会造成前照灯（　　）。

A. 不亮　　　　　　　　　　　　B. 灯光暗淡

C. 远近光不良　　　　　　　　　D. 一侧灯不亮

参考答案：B

※8.（　　）导致前排乘员侧电动车窗都不能升降。

A. 熔断器故障

B. 前乘客侧开关故障

C. 左后乘客侧开关故障

D. 右后乘客侧开关故障

参考答案：B

9. 造成前照灯光暗淡的主要原因是线路（　　）。

A. 断路　　　　　　　　　　　　B. 短路

C. 接触不良　　　　　　　　　　D. 电压过高

参考答案：C

※10.（　　）导致前排乘员电动座椅不能动。

A. 熔断器故障　　　　　　　　　B. 主控开关搭铁不良

C. 主控开关搭铁线断路　　　　　D. 乘员侧开关故障

参考答案：D

> **解题思路**：本题考查考生对电动座椅不能工作故障的认知，如果只有一个电动座椅不工作，那么故障点应该就是在该侧电动座椅的组成部分中，不会是所有电动座椅的公共部分。

11. 用万用表检测照明系统线路故障，应使用（　　）。

A. 电流挡　　　　　　　　　　　B. 电压挡

C. 电容挡　　　　　　　　　　　D. 二极管挡

参考答案：B

※12. （　　）导致所有电动车窗都不能升降。

A. 熔断器故障　　　　　　　　　B. 前乘客侧开关故障

C. 左后乘客侧开关故障　　　　　D. 右后乘客侧开关故障

参考答案：A

13. 用万用表检测照明灯线路某点，电压显示。说明此点前方的线路（　　）。

A. 断路　　　　　　　　　　　　B. 短路

C. 搭铁　　　　　　　　　　　　D. 接触电阻较大

参考答案：A

※14. （　　）导致所有电动车窗都不能升降。

A. 主开关故障　　　　　　　　　B. 前乘客侧开关故障

C. 左后乘客侧开关故障　　　　　D. 右后乘客侧开关故障

参考答案：A

15. 充电系统电压调整过高，对照明灯的影响有（　　）。

A. 灯光暗淡　　　　　　　　　　B. 灯泡烧毁

C. 保险丝烧断　　　　　　　　　D. 闪光频率增加

参考答案：B

※16. （　　）的作用是发电机转速变化时，自动改变励磁电流的大小，使发电机输出电压保持不变。

A. 整流器　　　　　　　　　　　B. 调节器

C. 蓄电池　　　　　　　　　　　D. 电容器

参考答案：B

> **解题思路**：本题考查考生对发电机电压调节器作用的理解。

17. 若闪光器电源接柱上的电压为 0V，说明（　　）。

A. 供电线断路　　　　　　　　B. 转向开关损坏

C. 闪光器损坏　　　　　　　　D. 灯泡损坏

参考答案： A

※18. （　　）的作用是将定子绕组产生的三相交流电变为直流电。

A. 转子总成　　　　　　　　　B. 硅二极管

C. 整流器　　　　　　　　　　D. 电刷

参考答案： C

> **解题思路：** 本题考查考生对发电机整流器作用的认知。

19. 若闪光器频率失常，则会导致（　　）。

A. 左转向灯闪光频率不正常　　B. 右转向灯闪光频率不正常

C. 左右转向灯闪光频率均不正常D. 转向灯不亮

参考答案： C

※20. （　　）可导致发电机轴承异响。

A. 发电机轴承润滑不良　　　　B. 碳刷过短

C. 定子短路　　　　　　　　　D. 转子短路

参考答案： A

> **解题思路：** 轴承的异响一般情况下都是因为轴承润滑不良引起的。

21. 充足电的蓄电池，其开路端电压是（　　）。

A. 12.4V　　　　　　　　　　B. ≥12.6V

C. 12V　　　　　　　　　　　D. ≤11.7V

参考答案： B

22. 密度计是用来检测蓄电池（　　）的器具。

A. 电解液密度　　　　　　　　B. 电压

C. 容量　　　　　　　　　　　D. 输出电流

参考答案： A

※23. （　　）启动机由驾驶员旋动点火开关或按下启动按钮，直接参与控制或通过启动继电器，控制电磁开关接通或切断启动机电路。

A. 电磁操纵式　　　　　　　　B. 直接操纵式

C. 惯性啮合式　　　　　　　　D. 移动电枢啮合式

参考答案： A

※24. （　　）导致所有电动后视镜都不能动。

A. 熔断器故障   B. 左侧电动机电路断路

C. 右侧后视镜电动机故障   D. 左侧后视镜电动车故障

参考答案： A

25. 对在使用过程中放电的电池进行充电称（   ）。

A. 初电池   B. 补充充电

C. 去硫化充电   D. 锻炼性充电

参考答案： B

※26. （   ）用于测试发电机端电压。

A. 万用表   B. 气压表

C. 真空表   D. 油压表

参考答案： A

27. 发电机"N"与"E"或"B"间的反向阻值应为（   ）。

A. $40\sim50\Omega$ B. $65\sim80\Omega$

C. $710k\Omega$ D. 10Ω

参考答案： C

28. 转子绕组好坏的判断，可以通过测量发电机（   ）接柱间的电阻来确定。

A. "F"与"E"   B. "B"与"E"

C. "B"与"F"   D. "N"与"F"

参考答案： A

※29. 安全气囊系统的检查工作务必在点火开关转到 OFF 位，并将蓄电池负极电缆拆下至少（   ）s 后才能开始。

A. 10   B. 5

C. 3   D. 0

参考答案： C

30. 桑塔纳启动机"50"u27744 柱引出的导线接向（   ）。

A. 电池正极   B. 电池负极

C. 点火开关   D. 中央接线板

参考答案： D

※31. 按蓄电池生产厂家的要求或气温条件，在蓄电池内加注规定密度的电解液，静置（   ）h 后，再将液面高度调整到高出极板（或防护片）顶部 $10\sim15mm$。

A. 6～8 B. 5～10

C. 15～20 D. 20～25

参考答案： A

32. 调节器的检测方法可分为静态检测和（　　）。

A. 电阻检测 B. 搭铁形式检测

C. 管压降检测 D. 动态检测

参考答案： D

※33. 采用氙气灯作为普通前照灯的光源时，氙灯可作为（　　）的光源。

A. 远光 B. 近光

C. 四灯式远光 D. 远近光灯均可

参考答案： B

34. JFT126 型调节器 S 与 E 接柱之间电阻为（　　）。

A. 4600～5000kΩ B. 7.5～8kΩ

C. 3.0kΩ D. 550kΩ

参考答案： C

※35. 拆卸或搬运气囊组件时，气囊装饰盖的面应当（　　），不得将气囊组件重叠堆放或在气囊组件上放置任何物品，以防万一气囊被误引爆造成事故。

A. 朝下 B. 朝上

C. 朝前 D. 随意乱放

参考答案： B

36. 接通电路，测量调节器大功率三极管的管压降过低（小于0.6V），说明三极管（　　）。

A. 短路 B. 断路

C. 搭铁 D. 良好

参考答案： C

37. GST-3U 型万能试验台，主轴转速为（　　）。

A. 800r/min B. 1000r/min

C. 3000r/min D. 200～2500r/min

参考答案： D

※38. 车辆的挡风玻璃刮水器，当刮水开关打到 OFF 挡时，刮水

臂会影响视线（不能复位），这说明（　　）。

   A. 复位开关铜片烧了

   B. 蜗杆变形过大

   C. 机械连杆装置接头过于松动

   D. 刮水器电机有故障

参考答案：A

39. QD124 型启动机，空转试验电压 12V 时，启动机转速不低于（　　）。

   A. 3000r/min   B. 4000r/min

   C. 5000r/min   D. 6000r/min

参考答案：C

※40. 车辆的其他状况均可，但前照灯不亮，最易产生此故障的原因是（　　）。

   A. 交流发电机输出电压过低   B. 发电机电压调节器不良

   C. 蓄电池电压过低   D. 前照灯搭铁不良

参考答案：D

41. 检测启动机电枢轴轴颈外径与衬套内径的配合间隙，应使用（　　）。

   A. 万用表   B. 游标卡尺

   C. 百分表   D. 塞尺

参考答案：B

42. 启动机的启动控制线主要负责给启动机上的（　　）供电。

   A. 电枢绕组   B. 磁场绕组

   C. 电磁开关   D. 继电器

参考答案：C

※43. 车速里程表与轮胎之间的总传动比一般为（　　）。

   A. 1∶10   B. 1∶100

   C. 1∶1000   D. 1∶10000

参考答案：C

44. 用厚薄规检查电磁离合器四周边的空气间隙，应在（　　）范围内。

   A. 0.1～0.5mm   B. 0.2～0.8mm

C. 0.4～0.8mm

D. 0.6～1mm

参考答案：C

※45. 充电完成后 2h，测量电角液相对密度，若不符合要求，可用（　　）（过高时），或相对密度为 1.4 的稀硫酸（过低时）调整。

A. 蒸馏水

B. 井水

C. 河水

D. 自来水

参考答案：A

※46. 传统汽车的车速里程表的车速信号来自（　　）。

A. 点火线圈负极

B. 发动机转速传感器

C. 变速器输出轴

D. 变速器输入轴

参考答案：C

47. 三极管的（　　）作用是三极管基本的和最重要的特性。

A. 电流放大

B. 电压放大

C. 功率放大

D. 单向导电

参考答案：A

48. 电枢检测器是用做检测启动机电枢绕组的（　　）故障。

A. 断路

B. 短路

C. 搭铁

D. 击穿

参考答案：B

※49. 电器设备电阻为 55Ω，使用时电流是 4A，那么其供电电压是（　　）V。

A. 100

B. 110

C. 200

D. 220

参考答案：D

解题思路：本题考查考生对欧姆定律的认知，利用电压＝电阻×电流的公式可以计算出电压为 220V。

※50. 电子调节器都是根据发电机端电压的变化，使（　　）及时地导通或截止，进一步控制大功率三极管饱和和截止，使发电机端电压不变。

A. 二极管

B. 稳压管

C. 电阻器

D. 电容器

参考答案：B

51. 启动机做空载试验时，若电流和转速都小，说明电路存在（　　）。

A. 短路故障
B. 断路故障
C. 接触电阻大
D. 接触电阻小

参考答案：C

※52. 电子控制安全气囊系统采用的碰撞传感器按功用可分为（　　）传感器和防护碰撞传感器两大类。

A. 撞击传感器
B. 碰撞烈度（激烈程度）
C. 重量
D. 距离

参考答案：B

※53. 对储存期超过2年的干式铅蓄电池，使用前应补充充电，充电时间应在（　　）h。

A. 2～3
B. 3～5
C. 5～10
D. 10

参考答案：C

54. 给蓄电池充电，选择充电电流为蓄电池的额定容量的（　　）。

A. 1/5
B. 1/10
C. 1/15
D. 1/25

参考答案：B

55. 桑塔纳JF1913型发电机，"F"与"E"接柱之间的阻值为（　　）。

A. 5～7Ω
B. 3.5～3.8Ω
C. 2.8～3.2Ω
D. 2.8～3.0Ω

参考答案：D

※56. 对汽车启动机来讲，下列正确的是（　　）。

A. 启动机的搭铁回路电压降允许的最大值是0.9V

B. 启动机工作时的噪声大多来自电枢

C. 发动机刚启动时，启动机的工作电流约为180～350A

D. 与驱动齿一体的是楔块式结构的单向离合器

参考答案：C

※57. 对蓄电池安全操作正确的是（　　）。

A. 配置电解液时应将硫酸倒入水中

B. 配置电解液时应将水倒入硫酸中

C. 观看检查电解液用的仪器时应远离电解液注口

D. 蓄电池壳上可以放置较轻的物体

参考答案：A

※58. 对于安全气囊来说，正确的是（　　　）。

A. 气囊被爆后，只要中央控制器未受损，则仍可继续使用

B. 内藏有大电容，可作为引爆的备用电源

C. 安全气囊的插件中，有绿色的金属熔断片

D. 车辆发生碰撞蓄电池如果断线，则气囊失去作用

参考答案：B

解题思路：本题考查考生对安全气囊备用电源的认知，为了防止车祸时，蓄电池被撞断而不能引爆气囊，所以气囊系统中设计有一个大电容，这个电容可以保证在蓄电池不能及时供电给气囊打开的情况下，利用这个大电容给气囊雷管供电，使其雷管引爆。

59.（　　　）是用电磁控制金属膜片振动而发生的装置。

A. 挡风玻璃 　　　　　　　　　B. 刮水器

C. 电喇叭 　　　　　　　　　　D. 电磁阀

参考答案：C

60. 正弦交流电是指电流的大小和方向按（　　　）规律变化的交流电。

A. 正弦 　　　　　　　　　　　B. 余弦

C. 直线 　　　　　　　　　　　D. 正切

参考答案：A

※61. 对于真空控制的中央门锁，当真空管出现故障时，将造成真空泄漏，它出现故障时的特点是（　　　）门锁执行机构不能正常工作，甚至在门锁工作时能听到漏气的声响。

A. 所有 　　　　　　　　　　　B. 左前

C. 右前 　　　　　　　　　　　D. 左后

参考答案：A

解题思路：本题考查考生对于门锁故障的排除认知，因为真空管泄漏时，会同时影响四个门锁的正常工作，所以本题选择 A。

62. 电刷磨损后的高度一般不小于 （　　　）。

A. 10mm   B. 15mm

C. 20mm   D. 25mm

参考答案： A

※63. 对于真空增压制动传动装置，解除制动时，控制油压下降，加力气室相互沟通，又具有一定的 （　　　），膜片、推杆、辅助活塞都在回位弹簧作用下各自回位。

A. 大气压力   B. 压力

C. 真空度   D. 推力

参考答案： C

64. 万能电器实验台上，用于调节发电机磁场电流的部件是 （　　　）。

A. 可调电源   B. 可调电阻

C. 可调电容   D. 可调电感

参考答案： B

65. 用万用表检测照明灯某线路两端，电阻为穷大，说明此线路 （　　　）。

A. 断路   B. 搭铁

C. 良好   D. 接触不良

参考答案： A

※66. 发电机定子绕组的阻值一般为 （　　　） mΩ。

A. 150～200   B. 3000～6000

C. 15～35   D. 1500～3500

参考答案： A

※67. 发电机集成电路调节器不具有 （　　　）特点。

A. 调压精度高   B. 工作可靠

C. 体积较小   D. 交直流都可用

参考答案： A

68. 用万用表电阻最大挡检测定子绕组接线端与定子铁芯之间的电阻应为穷大，否则说明有 （　　　）故障。

A. 断路   B. 短路

C. 搭铁   D. 击穿

参考答案：C

69. 蓄电池电解液面高度要求高出隔板上沿（　　）。

A. 5～10mm

B. 10～15mm

C. 15～20mm

D. 20～25mm

参考答案：B

※70. 更换汽车上新里程表时，应将里程表的读数调到（　　）。

A. 0 公里数

B. 车主要求的公里数

C. 原公里数

D. 随意公里数

参考答案：C

71. 汽车灯具的种类可分为前照灯、防雾灯、（　　）、仪表灯和工作灯等。

A. 示宽灯

B. 牌照灯

C. 远光灯

D. 顶灯

参考答案：D

72. 启动系线路（　　）应不大于 0.2V。

A. 电压

B. 电压降

C. 电动势

D. 电阻

参考答案：B

※73. 关于车速里程表，甲说车速里程表的动力源来自变速器的输出轴；乙说车速里程表由汽车的变速器软轴驱动仪表的主动轴。你认为以上观点（　　）。

A. 甲正确

B. 乙正确

C. 甲乙都正确

D. 甲乙都不正确

参考答案：C

※74. 关于充电电流不稳的故障症状，甲说症状是发动机中速运转时，电流表指示充电电流忽大忽小；乙说症状是发动机中速运转时，充电指示灯忽亮忽灭，你认为以上观点（　　）。

A. 甲正确

B. 乙正确

C. 甲乙都正确

D. 甲乙都不正确

参考答案：C

75. 启动机供电线路，重点检测线路各接点的（　　）情况。

A. 电流

B. 压降

C. 电动势
D. 电阻

参考答案：B

76. 下列故障现象，不属于前照灯的是（　　　　）。

A. 灯光暗淡
B. 远近光不良

C. 一侧灯不亮
D. 闪光频率失常

参考答案：D

※77. 关于充电电流不稳的原因，甲说原因是风扇皮带打滑，乙说是充电系统连接导线接触不良，你认为以上观点（　　　　）。

A. 甲正确
B. 乙正确

C. 甲乙都正确
D. 甲乙都不正确

参考答案：C

※78. 关于发电机异响故障，甲说发电机异响故障的原因可能是传动带松紧度调整不当；乙说发电机异响故障的原因可能是发电机轴承润滑不良。你认为以上观点（　　　　）。

A. 甲正确
B. 乙正确

C. 甲乙都正确
D. 甲乙都不正确

参考答案：C

79. 实验中将小功率灯泡接于电路中，可以判断调节器的（　　　　）。

A. 功率
B. 管压降

C. 搭铁形式
D. 调步频率

参考答案：C

80. 汽车灯光系统出现故障，除与本系统元件损坏有关外，还可能与（　　　　）有关。

A. 充电系
B. 起动系

C. 仪表报警系
D. 空调系统

参考答案：A

※81. 关于发电机异响故障，甲说发电机异响故障的原因可能是转子与定子之间碰擦；乙说发电机异响故障的原因可能是电机风扇或传动带盘与壳体碰撞。你认为以上观点（　　　　）。

A. 甲正确
B. 乙正确

C. 甲乙都正确
D. 甲乙都不正确

参考答案：C

※82. 关于启动机不能与飞轮结合的故障，其原因主要在（　　　）部分。

A. 启动机的操纵
B. 启动机的定子
C. 启动机的转子
D. 启动机的电刷

参考答案： A

83. 若测得发电机 F 与 E 接柱间的阻值为穷大，说明该绕组（　　　）。

A. 断路
B. 短路
C. 良好
D. 不能确定

参考答案： A

※84. 关于启动机运转无力故障的原因，甲说启动机运转无力的原因可能是启动机电枢轴弯曲与磁极碰擦；乙说启动机运转无力的原因可能是电枢绕组或磁场绕组短路。你认为以上观点（　　　）。

A. 甲正确
B. 乙正确
C. 甲乙都正确
D. 甲乙都不正确

参考答案： C

85. 闪光继电器的种类有（　　　）、电容式、电子式三类。

A. 信号式
B. 电热式
C. 过流式
D. 冲击式

参考答案： B

86. 选用免维护蓄电池根据自己的需要，计算出需要的电池容量与（　　　）。

A. 体积
B. 价格
C. 数量
D. 性能

参考答案： C

※87. 关于启动机运转无力故障的原因，甲说启动机运转无力的原因可能是启动机轴承过松；乙说启动机运转无力的原因可能是启动机轴承过紧。你认为以上观点（　　　）。

A. 甲正确
B. 乙正确
C. 甲乙都正确
D. 甲乙都不正确

参考答案： C

88. 给蓄电池充电，选择充电电流为蓄电池的额定容量的 （ ）。

A. 1/5

B. 1/10

C. 1/15

D. 1/25

参考答案： B

※89. 关于启动机运转无力故障的原因，甲说启动机运转无力的原因可能是蓄电池亏电太多；乙说启动机运转无力的原因可能是启动电路接头松动。你认为以上观点 （ ）。

A. 甲正确

B. 乙正确

C. 甲乙都正确

D. 甲乙都不正确

参考答案： C

90. 万能电器实验台上，用于调节发电机磁场电流的部件是 （ ）。

A. 可调电源

B. 可调电阻

C. 可调电容

D. 可调电感

参考答案： B

※91. 关于汽车组合式尾灯的描述，正确的结论是 （ ）。

A. 制动灯的功率要比示宽灯的小

B. 制动灯的功率要比转向灯要大

C. 制动灯的功率要比示宽灯的小

D. 转向灯的颜色为黄色

参考答案： D

※92. 关于燃油表检修，甲说在安装传感器时，与油箱搭铁必须良好；乙说传感器的电阻末端必须搭铁，这样可以避免因滑片与电阻接触不良时产生火花而引起火灾。你认为以上观点 （ ）。

A. 甲正确

B. 乙正确

C. 甲乙都正确

D. 甲乙都不正确

参考答案： C

93. 风窗洗涤装置按照控制方式不同分为 （ ）、脚踏控制和电机驱动式三种。

A. 手动控制

B. 开环控制

C. 闭环控制

D. 自动控制

参考答案： A

※94. 关于燃油表指示，甲说如燃油表指示"F"，表明油箱内的燃油为满箱；乙说如燃油表指示"E"，表明油箱内的燃油为半箱。你认为以上观点（　　　）。

A. 甲正确　　　　　　　　　　　B. 乙正确

C. 甲乙都正确　　　　　　　　　D. 甲乙都不正确

参考答案： A

> **解题思路：** 本题考查考生对仪表中燃油表字母的认知，"F"代表燃油满箱，而"E"代表燃油空箱。

95. 检测启动机（　　　），主要检测线路的通断情况。

A. 控制线路　　　　　　　　　　B. 搭铁线路

C. 供电线路　　　　　　　　　　D. 检测线路

参考答案： A

※96. 关于现代汽车使用氙灯具，下列说法不正确的是（　　　）。

A. 可提高亮度2倍以上　　　　　B. 亮灯速度特别快

C. 特别省电达50%　　　　　　　D. 使用寿命与车辆寿命相当

参考答案： B

97. 启动机做空载试验时，若启动机装配过紧，则（　　　）。

A. 电流高转速低　　　　　　　　B. 转速高而电流低

C. 电流转速均高　　　　　　　　D. 电流转速均低

参考答案： A

※98. 硅整流发电机的中性点电压等于发电机极柱直流输出电压的（　　　）倍。

A. 1/2　　　　　　　　　　　　B. 1

C. 1/3　　　　　　　　　　　　D. 1/4

参考答案： C

99. 测量转子绕组的阻值，应将万用表两表笔分别接在（　　　）。

A. 两个滑环上　　　　　　　　　B. 滑环和铁芯

C. 滑环与壳体　　　　　　　　　D. 滑环与正极柱

参考答案： A

※100. 弧光放电前照灯的亮度是卤素前照灯的（　　　）倍以上。

A. 2　　　　　　　　　　　　　B. 5

C. 2.5

D. 10

参考答案：C

101. 静态检测方法即用万用表测量晶体管调节器各接柱之间的静态（　　）。

A. 电压

B. 电流

C. 电阻

D. 电容

参考答案：C

102. 动态检测方法可以检测出调节器的（　　）。

A. 调节电流

B. 调节电压

C. 电阻

D. 电容

参考答案：B

※103. 检查启动机电枢绕组换向器是否断路，应用（　　）检查。

A. 电流表

B. 电压表

C. 欧姆表

D. 伏安表

参考答案：C

解题思路：本题考查考生对启动机换向器线路的检查，测量是否断路，应该用欧姆表测量电阻值。

※104. 交流发电机单相桥式硅整流器每个二极管，在一个周期内的导通时间为（　　）周期。

A. 1/2

B. 1/3

C. 1/4

D. 1/6

参考答案：A

105. 当加在硅二极管两端的正向电压从 0 开始逐渐增大时，硅二极管（　　）。

A. 立即导通

B. 到 0.3V 时才开始导通

C. 超过死区电压时才开始导通

D. 不导通

参考答案：C

※106. 交流发电机过载时，（　　）可协同发电机向用电设备供电。

A. 分电器

B. 电动机

C. 蓄电池

D. 启动机

参考答案：C

※107. 接通点火开关后水温表指针不动，用起子将传感器接线柱与机体短接，水温表指针仍不动，表明（　　）。

A. 水温表状况良好

B. 水温表电路有断路处或表已损坏

C. 传感器触点氧化

D. 传感器加热线圈烧坏

参考答案：B

108. 试验启动系时，点火开关应（　　）完成试验项目。

A. 及时回位　　　　　　　　　B. 不应回位

C. 保持一段时间　　　　　　　D. 无要求

参考答案：A

109. 用万用表测量启动机换向器和铁芯之间的电阻，应为（　　），否则说明电枢绕组存在搭铁故障。

A. 0Ω　　　　　　　　　　　　B. 无穷大

C. 100Ω　　　　　　　　　　　D. 1000Ω

参考答案：B

※110. 开启灯光开关，只有尾部示宽灯不亮，测量线路有电，造成此故障现象的原因是（　　）。

A. 后示宽灯搭铁不良　　　　　B. 发电机调压器损坏

C. 尾灯线束断　　　　　　　　D. 保险盒有故障

参考答案：A

111. 使用的指针式万用表型号不同，测得的发电机（　　）接柱之间的阻值不同。

A. "F"与"E"　　　　　　　　　B. "B"与"E"

C. "B"与"F"　　　　　　　　　D. "N"与"F"

参考答案：B

112. 汽车灯具的种类可分为（　　）、防雾灯、顶灯、前照灯和工作灯等。

A. 仪表灯　　　　　　　　　　B. 牌照灯

C. 远光灯　　　　　　　　　　D. 示宽灯

参考答案：A

※113. 开启灯开关远光指示灯亮，但前照灯有一道不亮，其原因是（　　）。

A. 发电机不发电
B. 近光灯损坏
C. 远光灯丝烧坏
D. 蓄电池至保险盒之间有断路

参考答案：C

114. 启动机供电线路，重点检测线路各接点的（　　）情况。

A. 电流
B. 压降
C. 电动势
D. 电阻

参考答案：B

※115. 开启汽车灯开关时，尾灯和前照灯均亮，唯有示宽灯不亮，其原因有（　　）。

A. 示宽灯线路有断路
B. 发电机调压器不良
C. 前照灯搭铁不良
D. 前照灯灯丝损坏

参考答案：A

116. 试验启动系时，试验时间（　　）。

A. 不宜过长
B. 不宜过短
C. 尽量长些
D. 要求

参考答案：A

※117. 门锁电路的定时装置一般利用（　　）充、放电特征。

A. 继电器
B. 电容器
C. 电阻
D. 三极管

参考答案：B

※118. 某车上出现转向信号右方向工作正常，而左方向指示灯闪烁过快的故障，则该故障的部位应是：（　　）。

A. 闪光器
B. 转向开关
C. 灯泡
D. 保险丝

参考答案：C

119. 造成前照灯光暗淡的主要原因是线路（　　）。

A. 断路
B. 短路
C. 接触不良
D. 电压过高

参考答案：C

※120. 某汽车启动机的输出端采用行星齿轮式减速机构，太阳齿

轮接电机轴，那么应使（　　）。

　　A. 齿圈为固定不动的　　　　　　B. 齿圈通过离合器锁止不动

　　C. 行星架为锁止不动的　　　　　　D. 行星架与齿圈经离合器为一体

参考答案：B

121. 在发动机不启动的情况下，把点火开关旋转到"ON"，打开风挡雨刮器。如果雨刮器动得很慢，比平时慢很多，则说明（　　）。

　　A. 蓄电池缺电　　　　　　　　　　B. 发电机损坏

　　C. 点火正时失准　　　　　　　　　D. 点火线圈温度过高

参考答案：A

※122. 判断汽车硅整流发电机磁场是否正常，可在其运转时，最简单的方法是（　　）。

　　A. 充电指示灯状况

　　B. "＋"端的电压值

　　C. "F"端的电压值

　　D. 用起子检测发电机外壳的磁性

参考答案：D

※123. 启动过程中，电磁开关内的（　　）。

　　A. 保持线圈被短路

　　B. 吸拉线圈被短路

　　C. 保持和吸拉两线圈都被短路

　　D. 保持和吸拉两线圈都不被短路

参考答案：B

124. 发电机的空载充电电压应（　　）参考电压。

　　A. 高于　　　　　　　　　　　　　B. 等于

　　C. 低于　　　　　　　　　　　　　D. 时高时低

参考答案：A

※125. 启动机的电磁开关作用是（　　）。

　　A. 控制启动机电流的通断

　　B. 推动小齿轮啮入飞轮齿圈

　　C. 通断启动机电流，并推动小齿轮啮入飞轮齿圈

　　D. 防止启动机电枢被发动机高速反拖

参考答案：C

※126. 启动机的电枢轴弯曲超过 （　　　） mm，应进行校正。

A. －0.05

B. 0.1

C. 0.15

D. 0.25

参考答案：B

127. （　　　） 的功用就是将蓄电池的电能转变为机械能，产生转矩，启动发动机。

A. 润滑系

B. 启动系

C. 传动系

D. 发电机

参考答案：B

※128. 启动机电磁开关将启动机主电路接通后，活动铁芯靠（　　　） 线圈产生的电磁力保持在吸合位置上。

A. 吸拉

B. 保持

C. 吸拉和保持

D. 以上都不是

参考答案：B

※129. 启动机电磁开关吸拉线圈的电阻值为 （　　　） Ω。

A. 1.5～2.6

B. 1.6～2.6

C. 2.6～2.7

D. 2.7～2.9

参考答案：C

※130. 启动机换向器圆周上径向跳动量超过 0.05mm，应在（　　　） 上修复。

A. 车床

B. 压力机

C. 磨床

D. 铣床

参考答案：A

※131. 启动机驱动齿轮与止推垫之间的间隙应为 （　　　） mm。

A. 1～4

B. 1～2

C. 0.5～1

D. 0.5～0.9

参考答案：A

※132. 启动机在做全制动试验时，除测试电流、电压外，还应测试 （　　　）。

A. 转速

B. 转矩

C. 功率

D. 电阻值

参考答案：B

※133. 气囊系统导线连接器上安装短路片的目的（　　）。

A. 防止线路接触不良

B. 防止意外触发 SRS 故障指示灯

C. 防止造成意外点火

D. 防止气囊炸开

参考答案：C

※134. 汽车点火开关未接通时，水温表指示停在左边刻度100℃外面，接通点火开关后，指针立即从 100℃ 向 40℃ 移动，发动机启动后，随着水温增高，指针又慢慢从 40℃ 向接近 100℃ 的方向移动表明（　　）。

A. 总火线有断路处　　　　　　B. 感温塞故障

C. 水温表电路有断路处　　　　D. 水温表状况良好

参考答案：D

※135. 汽车电动座椅能调节的方向比较多，许多车辆使用 4 个电动机，能够对座椅进行（　　）个方向进行的调节。

A. 8　　　　　　　　　　　　　B. 6

C. 4　　　　　　　　　　　　　D. 2

参考答案：A

※136. 汽车硅整流发电机，常用的接插线有（　　）等。

A. F　　　　　　　　　　　　　B. ST

C. C　　　　　　　　　　　　　D. P

参考答案：A

※137. 汽车硅整流发电机的励磁电流，由（　　）进行调节。

A. 蓄电池电压　　　　　　　　B. 发电机转速

C. 电压调节器　　　　　　　　D. 电流调节器

参考答案：C

※138. 汽车硅整流器发电机外壳由字母"N"接线柱，应与发电机的（　　）连接。

A. 正极　　　　　　　　　　　B. 负极

C. 定子三相的中性点　　　　　D. 励磁线圈

参考答案：C

※139. 汽车启动机的电机一般是（　　）。

A. 复励式

B. 串励式

C. 并励式

D. 脉冲式

参考答案：B

※140. 汽车启动机电磁开关通电，将活动铁芯完全吸入驱动齿轮时，驱动齿轮与止推环之间的间隙一般是（　　　）mm。

A. 1.5～2.5

B. 5

C. 5～10

D. 5～7

参考答案：B

※141. 汽车启动机运转无力的原因主要是（　　　）引起的。

A. 点火开关没有接通

B. 整流器有污垢

C. 发动机飞轮安装过松

D. 蓄电池没电

参考答案：D

※142. 汽车前照灯左右近光电路中，正确者为（　　　）。

A. 左右近光灯泡的总电阻只有左侧的一半

B. 左右近光灯泡的总电阻是左侧和右侧之和

C. 左右近光灯泡的总电阻与右侧相等

D. 左右近光灯泡的总电阻只有左侧的 1/4 与右侧的 1/4 之和

参考答案：A

※143. 汽车上的转向信号用的闪光器，其上有三个端子，（　　　）端子应接转向开关。

A. ＋B

B. L 型

C. E

D. ST

参考答案：C

※144. 汽车上使用的三线圈电磁式燃油表，当点火锁匙被取下后，燃油表指针应停留在（　　　）位置。

A. 最后一时刻位置

B. E 位

C. H 位

D. 任意位

参考答案：A

※145. 汽车使用的电磁式水温表，其指针一直处于低温区，原因没有（　　　）。

A. 总火线有断路处

B. 水温传感器损坏

C. 水温表至水温传感器的电路有断路

D. 水温表中有一线圈断路

参考答案：A

※146. 汽车使用的硅整流发电机上，"S"接线柱的作用是（　　）。

A. 充电引出线　　　　　　　　B. 磁场控制线

C. 控制充电指示灯引出线　　　D. 电压检测线

参考答案：D

※147. 汽车双丝前照灯在近光灯丝（　　）装置有金属反光板罩。

A. 上方　　　　　　　　　　　B. 下方

C. 前方　　　　　　　　　　　D. 后方

参考答案：B

※148. 汽车双丝前照灯在近光灯丝下方有金属反光板罩，其目的是（　　）。

A. 增加亮度

B. 增加透雾性

C. 防止会车时对方驾驶员产生眩目现象

D. 节约电能

参考答案：C

※149. 汽车危险灯的电源来自（　　）。

A. 蓄电池　　　　　　　　　　B. 闪光器

C. 危险灯开关　　　　　　　　D. 点火钥匙

参考答案：A

※150. 汽车行驶时，充电指示灯由亮转灭，说明（　　）。

A. 发电机处于他励状态　　　　B. 发电机处于自励状态

C. 充电系统有故障　　　　　　D. 指示灯损坏

参考答案：B

※151. 汽车音响按照收音机芯的功能分为（　　）。

A. 普通换向机芯和自动换向机芯

B. 中频放大机芯和调频中频信号放大机芯

C. 调频高频信号放大电路机芯、混频机芯

D. 本振电路机芯、调频选频机芯和预中频放大电路机芯

参考答案：A

※152. 汽车左转向时，前左转向灯不亮的原因有（　　）。

A. 电源至闪光器有断路　　　　B. 闪光器至转向开关有断路

C. 闪光器有故障　　　　　　D. 左灯丝烧坏

参考答案：D

※153. 铅蓄电池单体工作电压为（　　）。

A. 12V　　　　　　　　　　B. 2V

C. 1.2V　　　　　　　　　　D. 3V

参考答案：B

> **解题思路**：本题考查考生对铅酸蓄电池单格工作电压的认知，蓄电池总电压应为12.6V，一共分为6格，一格2.1V。

※154. 前照灯不亮故障的处理方法是，首先检查（　　）的好坏，不好应更换。

A. 灯泡　　　　　　　　　　B. 蓄电池

C. 启动机　　　　　　　　　D. 发电机

参考答案：A

> **解题思路**：本题考查考生对汽车前照灯不亮故障的认知，对于前照灯而言，最容易出故障的点是灯泡。

※155. 清除蓄电池电桩及夹头氧化物是电气设备的（　　）的作业内容。

A. 一级维护　　　　　　　　B. 二级维护

C. 特殊维护　　　　　　　　D. 大修

参考答案：A

※156. 若发电机调节器带有蓄电池检测方式的"S"，其发电系统（　　）。

A. 输出电流要大些　　　　　B. 充电电压比较高些

C. 输出功率比较更大　　　　D. 输出电压要稍低些

参考答案：B

※157. 若拉动汽车的总灯开关，如果所有的灯都不亮，其原因是（　　）。

A. 电流表有故障

B. 灯光系统电路的总保险发生断路故障

C. 所有灯丝烧坏

D. 发电机不工作

参考答案： B

解题思路： 对于打开灯光总开关后，所有灯不亮的时候，最有可能出问题的是每一个灯光的公共部分，即灯光系统的保险丝发生断路故障。

※158. 若汽车蓄电池为负极搭铁，装用交流发电机，则会产生（　　）现象。

A. 蓄电池不能被充电　　　　　　B. 发电机线圈立即烧掉

C. 蓄电池充电过大　　　　　　　D. 发电机硅管立即烧掉

参考答案： D

※159. 使用 LED 发光二极管作汽车制动灯的光源，在车辆行驶时获得的突出优点是（　　）。

A. 特别光亮　　　　　　　　　　B. 发光极快

C. 造型醒目　　　　　　　　　　D. 能自动开启

参考答案： B

解题思路： 本题考查考生对灯光系统中使用二极管的认知，二极管被作为灯光使用有发光速度快、节能和使用寿命长等优点。

※160. 使用 LED 发光二极管作汽车制动灯的光源，在车辆行驶过程中能获得的突出优点是（　　）。

A. 特别光亮　　　　　　　　　　B. 寿命极长

C. 造型醒目　　　　　　　　　　D. 能自动开启

参考答案： B

※161. 数字调节汽车音响数控收音微处理器的供电多用（　　）V 电压。

A. 12　　　　　　　　　　　　　B. 5

C. 24　　　　　　　　　　　　　D. 10

参考答案： B

解题思路： 本题考查考生对汽车音响中微处理器电压的认知，一般电子电路中的电压都是5V。

※162. 数字显示汽车音响的收音电路由（　　）及 AM 收音高放电路、中放电路、收音立体声解码集成电路为主构成。

A. A/C

B. FM

C. FC

D. FP

参考答案： B

※163. 双速刮水器的控制开关在（　　）位置时电动机转速较低。

A. "0" 挡

B. "Ⅰ" 挡

C. "Ⅱ" 挡

D. 任何挡位

参考答案： B

※164. 为保证车辆顺利启动，启动电流稳定值应该为 $100\sim150A$，蓄电池内阻不大于 $20m\Omega$；稳定电压不小于（　　）V。

A. 3

B. 6

C. 9

D. 12

参考答案： C

解题思路： 本题考查考生对蓄电池在启动机启动时电压的认知，正常情况下，启动启动机时，电压应该不低于9V。

※165. 为保证车辆顺利启动，蓄电池电压不小于（　　）。

A. 6

B. 8

C. 10

D. 12

参考答案： D

解题思路： 本题考查考生对蓄电池静态电压的认知，蓄电池在没有对外放电的情况下，电压应不低于12V。

※166. 为防止安全气囊在检修时误爆，在其电路的接插件中安装有（　　）的装置。

A. 红色易熔片

B. 金属短路片

C. 绿色塑料片

D. 绿色锁止弹性片

参考答案： B

※167. 为检查、清洁电气元件而拆蓄电池电缆时，（　　）。

A. 应先拆负极

B. 应先拆正极

C. 正、负极同时拆

D. 正、负极拆顺序没有要求

参考答案： A

解题思路： 本题考查考生对蓄电池正极和负极电缆拆卸时顺序的认知，拆卸蓄电池时先拆负极，再拆正极，这样做是为了安全考虑。

※168. 为了防止夜间会车眩目，将前照灯远光灯切换为近光灯，近光灯丝位于（　　）。

A. 反射镜焦点处 　　　　　　　B. 反射镜焦点上方或前方

C. 反射镜焦点下方 　　　　　　D. 反射镜焦点侧面

参考答案： B

※169. 细致检测汽车交流发电机，发电机存在周期性的哼叫噪声，但是更换皮带和发电机的轴承，这样的哼叫噪声仍然存在，这是由于（　　）造成的。

A. 个别硅管开路 　　　　　　　B. 输出电流过大

C. 个别硅管短路 　　　　　　　D. 输出电压过高

参考答案： C

※170. 下列情况下，机油警告灯不会发亮（　　）。

A. 机油警告灯开关接触不良

B. 机油滤清器上的油压警告开关短路

C. 润滑系油压过低

D. 警告灯至传感器开关间线路对铁短路

参考答案： A

※171. 现代汽车多采用的启动机是（　　）。

A. 直接操纵式 　　　　　　　　B. 惯性啮合式

C. 移动电枢啮合式 　　　　　　D. 强制啮合式

参考答案： D

※172. 小功率启动机广泛使用的是（　　）式离合器。

A. 滚柱 　　　　　　　　　　　B. 摩擦片

C. 弹簧 　　　　　　　　　　　D. 带式

参考答案： A

※173. 小排量汽油轿车上的启动机，在做全负荷试验时其电流一般为（　　）A。

A. 50～60 　　　　　　　　　　B. 70～100

C. 90～150 　　　　　　　　　　D. 大于240

参考答案： D

※174. 巡航控制系统主要是由（　　）、传感器、巡航控制系统和ECU以及节气门执行器四部分组成。

A. 点火开关
B. A/C 开关
C. 指令开关
D. 压力开关

参考答案：C

※175. 验收发电机时，检查其有无机械和电路故障，可采取（　　）试验。

A. 负载
B. 启动
C. 空转
D. 手动

参考答案：C

※176. 一般定速巡航正常车速要在（　　）公里以下。

A. 20
B. 35
C. 40
D. 80

参考答案：D

※177. 一般汽车音响的工作电流为（　　）A。

A. 12
B. 5
C. 0.5～1
D. 低于 0.5

参考答案：C

※178. 造成永磁式汽车风窗刮水器电动机不能转动的原因没有（　　）。

A. 电机转子卡死
B. 保险丝烧断
C. 励磁线圈烧坏
D. 蜗轮蜗杆齿轮组损坏

参考答案：C

※179. 诊断启动系电路短路、断路故障时，除检查启动机导线是否短路外，还应检查（　　）。

A. 蓄电池电解液面高度

B. 启动机电磁开关工作是否正常

C. 断电器触点是否烧蚀

D. 蓄电池的放电程度

参考答案：B

※180. 中高档轿车上已经广泛使用巡航控制系统，下列说法中正确的是（　　）。

A. 真空阀控制真空式巡航系统的真空度

B. 电动式巡航系统有真空泄放阀和真空输送阀

C. 真空式巡航系统有电磁离合器控制

D. 发动机节气门与巡航执行器间有拉索进行同步控制

参考答案： D

※181. 中高档桥车上广泛使用巡航控制系统，下列有关它的工作原理正确的是（　　）。

A. 一旦设定巡航，则车速不能改变

B. 应绝对保证发动机输出功率的恒定

C. 巡航执行器上有拉索控制输出功率

D. 可允许发动机节气门有较小的自动调整

参考答案： D

※182. 中央门锁出现故障时可能有许多原因，首先要区分的是（　　）、电器故障、线路故障还是气路故障。

A. 机械故障　　　　　　　　　　B. 油路故障

C. 气路故障　　　　　　　　　　D. 电机故障

参考答案： A

※183. 中央门锁出现机械故障的特点是（　　）。

A. 所有门锁工作不正常　　　　　B. 半边车门锁工作不正常

C. 个别门工作不正常　　　　　　D. 所有门锁无法打开

参考答案： C

※184. 装接汽车使用的电磁式水温表线路时，下列接线中正确的是（　　）。

A. 仪表上的两个接线柱可以随便接线

B. 仪表的上面接线柱一定要接点火开关

C. 仪表的上面接线柱应该接蓄电池正极

D. 仪表的上面接线柱应接水温传感器

参考答案： D

※185. 只要点火开关拧到 START 挡，启动机电磁开关的吸拉线圈和保持线圈是（　　）。

A. 两只线圈就一直通电

B. 吸拉线圈先通电，后来保持线圈再通电

C. 保持线圈先通电，后来吸拉线圈再通电

D. 开始时两线圈同时通电，后来只有保持线圈通电

参考答案：D

解题思路：本题考查考生对启动机启动过程的认知，启动发动机时，首先是吸拉线圈和保持线圈都通电工作，然后就是保持线圈一个在工作了。

4.2　判断题

※1. 按压危险开关，所有危险灯不亮，且喇叭不响，说明从蓄电池到保险盒这段电路有断路或保险丝有故障。（　　　）

参考答案：对

※2. 踩住制动踏板时刹车灯不亮，应检修小灯电源保险丝至刹车灯开关之间是否有线路搭铁。（　　　）

参考答案：错

3. 如果发动机每次启动都超过 30s 或连续踏启动杆在 10 次以上才能启动，均属启动困难。（　　　）

参考答案：对

※4. 充电过程中，应将蓄电池加液孔上的螺塞拧下，便于充电后期产生的气体顺利逸出。（　　　）

参考答案：对

5. 用负荷试验法检测电池性能时，可用启动作负载。（　　　）

参考答案：对

6. 对电刷组件的外观检查，电刷表面应油污、变形且应在电刷架中活动自如。（　　　）

参考答案：对

※7. 磁感应式车速里程表的结构中没有电路连接。（　　　）

参考答案：对

※8. 磁感应式车速里程表由汽车差速器软轴驱动仪表。（　　　）

参考答案：错

9. 发电机空载试验和负载试验，其中一项符合规定，即能说明发电机性能良好。（　　　）

参考答案：错

10. 单相直流稳压电源有电源变压器、滤波、硅整流元件和稳压电路组成。（　　）

参考答案：错

※11. 打开点火开关后，机油指示灯不亮，当用起子把油压传感器接线柱和机体短时连接时，机油灯指示正常，说明传感器导线有断路。（　　）

参考答案：错

12. 启动机电枢绕组短路的检查，应使用电枢检验器。（　　）

参考答案：对

13. 接通启动机电路，启动机应运转均匀，无碰擦，且电刷无强烈的火花产生。（　　）

参考答案：对

※14. 大多数车辆的中央门锁系统在驾驶人侧车门上设有总开关。（　　）

参考答案：对

※15. 电动车窗的开关分为安全开关和升降开关，安全开关能控制所有车门上的车窗。（　　）

参考答案：错

16. 所以发电机 B 与 E 间的电阻值都应大于 $10\text{k}\Omega$。（　　）

参考答案：对

17. 交流电的大小和方向不随时间按正弦规律变化。（　　）

参考答案：错

※18. 电动后视镜熔断器故障能导致所有电动后视镜都不能动。（　　）

参考答案：对

19. 若左转向灯搭铁不良，则右转向工作也不正常。（　　）

参考答案：错

20. 单相离合器锁止方向，应能承受制动试验时的最大扭矩而不打滑。（　　）

参考答案：对

※21. 电动座椅故障主要包括电路和机械两方面故障。（　　）

参考答案：对

22. 启动机做全制动试验时，若驱动齿轮不转而电枢轴有缓慢的转动，说明单向滑轮打滑。（　　）

参考答案：对

※23. 电流表可利用并联不同电阻扩大量程。（　　）

参考答案：对

※24. 电枢绕组或磁场绕组短路导致启动机运转无力。（　　）

参考答案：对

25. 检测启动线路要求启动线路的连接应符合原车技术要求。（　　）

参考答案：对

26. 检测启动控制线路，主要检测线路各节点的电压降情况。（　　）

参考答案：错

※27. 对启动机换向器表面进行修复时，最小直径应不大于29.0mm。（　　）

参考答案：错

※28. 对于所有轿车的中央门锁系统，驾驶人按遥控器开车门时，按一下，驾驶人侧车门锁开启，接着再按一下，其他车门锁开启，而锁门时，只需要按一下遥控器上的锁门键，就能完成所有车门的锁门动作。（　　）

参考答案：错

29. 启动系线路电压降应大于0.2V。（　　）

参考答案：错

30. 测量蓄电池的静止电动势，应切断所有负载。（　　）

参考答案：对

※31. 发电机调节器是调节发电机电压的。（　　）

参考答案：对

※32. 发电机异响故障的原因主要在启动机的操纵和控制部分。（　　）

参考答案：错

33. 测试调节器所用的万用表为普通低内阻型万用表。（　　）

参考答案：错

34. 利用万用表的电阻挡即能检测照明灯线路的断路故障，也能检测搭铁故障。（　　）

参考答案：对

※35. 发电机在发动机各种运转状态下都不能向蓄电池充电。（　　）

参考答案：错

36. 汽车灯光系统的故障，可利用万用表法和试灯法进行诊断。（　　）

参考答案：对

37. QD124 型启动机，全制动试验时，电压 8V，电流不大于 90A。（　　）

参考答案：错

※38. 发动机内部转子或定子线圈某处有断路或短路导致充电电流不稳。（　　）

参考答案：错

※39. 发动机启动时，蓄电池可向启动机提供 50A 电流。（　　）

参考答案：错

※40. 高亮度弧光灯亮度是卤素灯泡的 2.5 倍，但多耗约 40% 的电能。（　　）

参考答案：错

※41. 硅整流发电机上的磁场接线柱 "E" "F"，"E" 表示磁场，"F" 是搭铁。（　　）

参考答案：错

※42. 弧光放电前照灯由弧光组件、电子控制器和升压器三大部件组成。（　　）

参考答案：对

※43. 检测发电机整流器的性能应选用万用表 "二极管" 挡。（　　）

参考答案：对

44. QD121 型启动机驱动齿轮与限位环之间的间隙为（4.5±1）mm，驱动齿轮端面与端盖凸缘的距离为 32～34mm。（　　）

参考答案：对

45. 转向灯闪光频率不正常，说明该系统有故障。（　　）

参考答案：对

※46. 检查电气线束时，操作人员需具有相应的操作资质，手机、金属钥匙等放入工作服口袋里。（　　）

参考答案：错

※47. 交流发电机的电磁不需他励。（　　）

参考答案：错

48. 单相直流稳压电源有电源变压器、滤波、硅整流元件和稳压电路组成。（　　）

参考答案：错

※49. 进行维修时，若不知道音响密码，不要轻易断开蓄电池的电源线。（　　）

参考答案：对

※50. 开启开关时远光灯指示灯亮，但前照灯有一道不亮，其原因是发电机不发电。（　　）

参考答案：错

※51. 逻辑电路可以利用半导体的开关特性来工作。（　　）

参考答案：对

52. 干荷蓄电池初次使用，需要初充电。（　　）

参考答案：错

※53. 每次接通汽车启动机时间不得超过 5s。（　　）

参考答案：对

※54. 配制蓄电池的电解液应该使用金属容器。（　　）

参考答案：错

※55. 启动过程中，电磁开关内的保持线圈被短路，由吸引线圈维持启动状态。（　　）

参考答案：对

※56. 启动机的电刷在电刷架内应滑动自如。（　　）

参考答案：对

57. 桑塔纳点火开关"50"接柱，用于控制启动机是否运转。（　　）

参考答案：对

※58. 启动机的直流串励式电动机将蓄电池的电能转换为机械能，产生转矩，从而启动发动机。（ ）

参考答案：对

※59. 启动机电磁开关不良造成启动机不能与飞轮结合。（ ）

参考答案：对

※60. 启动机电磁开关内保位线圈断路，将无法启动发动机。（ ）

参考答案：对

61. 发动机启动后，应及时检查各仪表的工作情况是否正常。（ ）

参考答案：对

※62. 启动机在启动时，启动机不能与飞轮结合是由于启动机定子故障造成的。（ ）

参考答案：错

※63. 气囊控制模块在引爆气囊时，引爆安全带拉紧机构。（ ）

参考答案：错

64. 容抗反映了电容对交流电的阻碍能力。（ ）

参考答案：对

※65. 气体发生器的作用是，车辆发生碰撞时，将碰撞信号输送给气囊控制单元。（ ）

参考答案：错

※66. 汽车硅整流发电机内装 IC 调节器仅仅是电压调节。（ ）

参考答案：对

※67. 汽车启动机在运转时将产生反电动势，它是启动机自己产生的电动势，此电动势能对抗蓄电池供电。（ ）

参考答案：错

※68. 汽车前照灯线路有一侧搭铁不良时，会出现一个前照灯亮，一个前照灯明显发暗现象。（ ）

参考答案：对

69. 闪光继电器的种类有冲击式、电热式、信号式三类。（ ）

参考答案：错

※70. 汽车音响内部出现故障，必须将其从车上拆下来才能进行维修，要求配备维修电源、音箱、天线等外部设施。（　　）

参考答案：对

※71. 前照灯检测时，要避开外来光线的影响，对于四灯制的车辆，检测时应将同侧的两只前照灯遮住一只检测，然后再检测另外一只。（　　）

参考答案：对

※72. 取消正在使用的定速巡航系统，必须要重启发动机才能关闭。（　　）

参考答案：错

※73. 三相同步交流发电机的定子用来产生三相交流电，转子用来产生磁场。（　　）

参考答案：对

※74. 双级式刮水器的控制开关"Ⅰ"时速度最低，"O"是停机挡。（　　）

参考答案：对

※75. 双速刮水器通过控制开关可以实现低速运转、高速运转及停机复位等功能。（　　）

参考答案：对

※76. 四灯制前照灯并排安装时，装于外侧的一对应为近光灯，装于内侧的一对应为远光单束灯。（　　）

参考答案：错

※77. 维修安全气囊系统故障时，必须拆下电池负极电缆后再读取故障代码，否则会引起气囊误展开，造成不必要求的损失。（　　）

参考答案：错

※78. 维修音响时，如果不知道音响的密码，不要轻易拆开蓄电池负极。（　　）

参考答案：对

※79. 无刷交流发电机，由于转子上没有励磁线圈，故省去滑环而保留电刷。（　　）

参考答案：错

※80. 蓄电池搭铁极性必须与发电机搭铁极性一致。（　　）

参考答案：对

※81. 验收发电机时应做空转试验无负载试验。（　　　）

参考答案：对

※82. 一些交流发电机带有中心抽头，它是从三相绕组的中性点引出，其接线柱标记是"N"。（　　　）

参考答案：对

※83. 永磁转子式交流发电机没有励磁绕组、滑环和电刷装置。（　　　）

参考答案：对

※84. 有的车型可以通过气囊警告灯的闪烁次数来读取系统工程的故障代码。（　　　）

参考答案：对

※85. 有的国产汽车仪表采用了电源稳压器供电，可供水温表及油量表工作。（　　　）

参考答案：对

※86. 右侧电动机电路断路只会导致右侧电动后视镜不能动，左侧也同理。（　　　）

参考答案：对

※87. 右后乘客侧开关故障导致右后侧电动车窗都不能升降。（　　　）

参考答案：对

※88. 雨、冰、雪等湿滑路面上，也可以使用巡航控制系统行驶。（　　　）

参考答案：错

※89. 左侧电动后视镜电机故障能导致所有电动后视镜都不能动。（　　　）

参考答案：错

※90. 座椅调节过程中，若电动座椅调节电动机电流过大，过载保险就会熔断。（　　　）

参考答案：错

※91. 关于汽车上制动信号灯，当踩下制动踏板时立即发亮。（　　　）

参考答案：对

※92. 汽车转向信号灯的闪光频率是固定不变的，不受灯泡及线路状况的影响。（　　）

参考答案：错

※93. 为保证车辆顺利启动，启动前蓄电池电压不小于 10V。（　　）

参考答案：错

第5章

新能源汽车试题精选

5.1 单项选择题

※1. 2009 年，我国启动了节能与新能源汽车示范推广的（　　　）。

A. "十城千辆"工程　　　　　　B. "十城万辆"工程

C. 新能源示范工程　　　　　　D. 863 计划工程

参考答案： A

※2. 不属于混合动力汽车的动力部分的是（　　　）。

A. 控制系统　　　　　　　　　B. 发电机

C. 驱动电机　　　　　　　　　D. 发动机

参考答案： A

※3. 不属于新能源汽车环保特点（　　　）。

A. 节能　　　　　　　　　　　B. 高效

C. 无污染　　　　　　　　　　D. 低污染

参考答案： D

※4. 纯电动汽车电机控制器接收（　　　）的信息，控制驱动电机的电流，实现汽车的行驶。

A. 驾驶员　　　　　　　　　　B. 控制系统

C. 主控单元　　　　　　　　　D. 电子控制单元（ECU）

参考答案： C

※5. 纯电动汽车动力系统由（　　）、驱动电机、控制系统及安全保护系统等组成。

A. 动力电池组
B. 发动机
C. 电动机
D. 电机控制系统

参考答案：A

※6. 纯电动汽车动力系统由动力电池组、驱动电机、（　　）及安全保护系统等组成。

A. 电子系统
B. 控制系统
C. 机械系统
D. 电机控制系统

参考答案：B

※7. 电池管理系统的英文缩写是（　　）控制。

A. BMS
B. CAN
C. BMA
D. CNP

参考答案：A

※8. 动力电池的热平衡管理系统的功能是通过以下部件实现的（　　）。

A. 风扇等冷却系统
B. 热电阻加热装置
C. 包括 A 和 B 两项
D. 以上都不正确

参考答案：B

※9. 动力电池检测方法不包括（　　）。

A. 外部检查
B. 液面高度检查
C. 普通仪器检查
D. 放电程度检查

参考答案：B

※10. 对于电动汽车的电气线束，检查方法基本上有（　　）。

A. 直观检查法
B. 仪器设备检测法
C. 包括 A、B 两项
D. 以上都不正确

参考答案：C

※11. 更换动力电池，正确的操作步骤，首先要做的是（　　）。

A. 关闭点火钥匙，车辆静置 5min 以上

B. 取下点火钥匙

C. 拔掉维修开关

D. 关闭点火钥匙

参考答案：A

※12. 更换动力电池箱散热风扇后，以下哪些操作执行符合正确的内容（　　）。

A. 装上蓄电池负极电缆，试车

B. 装上蓄电池负极电缆，清除故障码

C. 清除故障码、对模块进行设置、编程和试车

D. 清除故障码，用万用表进行性能测试

参考答案：B

※13. 更换动力电池箱散热器风扇时需要（　　）。

A. 进行维修作业时需戴绝缘手套

B. 拆下维修开关把手前，应关闭点火钥匙，车辆静止5min以上，拆下蓄电池负极电缆

C. 将拆下的维修开关把手放在口袋内携带，以确保安全

D. 包括以上三项

参考答案：D

※14. 更换动力电池需要执行以下步骤（　　）。

A. 关闭点火锁匙，静置5min，断开蓄电池负极电缆，拆下维修开关

B. 关闭点火锁匙，静置5min，拆下维修开关

C. 关闭点火锁匙，断开蓄电池负极电缆，拆下维修开关，静置5min

D. 关闭点火锁匙，断开蓄电池负极电缆，拆下维修开关

参考答案：A

※15. 更换动力电器插件时需要测量插接件上的电压，以确保安全，使用的数字万用表量程是（　　）。

A. 交流电压挡　量程大于400V

B. 交流电压挡　量程小于400V

C. 直流电压挡　量程大于400V

D. 直流电压挡　量程小于400V

参考答案：C

※16. 更换动力电源插接件时，应该注意：（　　）。

A. 拆下维修开关时需要戴绝缘手套

B. 拆下维修开关把手前，务必将电源开关置于 OFF 位置（关闭 SMR）以确保安全

C. 维修开关把手拆下后要放在口袋内携带，以确保安全

D. 包括以上三项

参考答案： D

※17. 关于 HV（混合动力汽车）蓄电池冷却鼓风机的描述，（　　）是正确的。

A. 使用通过 HV 蓄电池的空气冷却车厢内部

B. 防止 HV 系统部工作蓄电池温度升高

C. 从车厢内部引入空气

D. 也作为空调鼓风机

参考答案： B

※18. 关于 HV 蓄电池总成维修塞把手的描述，请选择正确的描述（　　）。

A. 拆下维修塞把手时无需戴绝缘手套

B. 拆下维修塞把手前，务必将电源开关置于 OFF 位置（关闭 SMR）以保证安全

C. 拆下维修塞把手前，务必将电源开关置于 ON 位置（关闭 SMR）以保证安全

D. 不要在口袋内携带拆下的维修塞把手，以防止维修车时将其丢失

参考答案： B

※19. 关于串联式混合动力系统的描述，请选择正确的描述（　　）。

A. 发动机驱动发电机，电动机使用由此产生的电能驱动车轮

B. 车轮驱动发电机，HV 蓄电池充电

C. 发动机和电动机均驱动车轮

D. 也可在仅使用电动机的情况下驱动车辆

参考答案： A

※20. 关于动力电池插接件维修更换，以下说法正确的是（　　）。

A. 需要经过电动车型专项培训人员进行维修作业

B. 车间机电技术人员进行维修作业

C. 车间技术主管人员进行维修作业

D. 需要电动车制造厂家专门人员进行维修作业

参考答案：A

※21. 关于更换电动汽车电气线束的说法，除了哪一项之外，都是正确的（　　）。

A. 检查高压线部件，需戴绝缘手套

B. 拆卸检修高压电气部件时应切断高压回路

C. 可以使用万用表测量电气线束的绝缘等级

D. 每次通高压电之前，操作人员应检查电器周边是否有杂物

参考答案：C

※22. 关于混合动力车辆电源的描述。请选择正确的描述（　　）。

A. HV 蓄电池向电子部件（如前照灯、音响设备和各种 ECU）提供电能

B. 一个正常工作的 HV 蓄电池足以控制车辆

C. 一个正常工作的辅助蓄电池足以控制车辆

D. 一个正常工作的 HV 蓄电池和正常的辅助蓄电池都是控制车辆所必需的

参考答案：D

※23. 关于混合动力汽车冷却系统的描述，除哪一项外都是正确的（　　）。

A. 采用发动机冷却系统

B. 冷却 MG 和带转换器的逆变器总成

C. 采用电动水泵以循环冷却液

D. 电源开关置于 ON（READY ON）位置时，持续循环冷却液

参考答案：A

※24. 关于维修把手的描述，除了哪一项以外，都是正确的（　　）。

A. 高压电路的保险丝位于维修塞手把内

B. 维修塞手把解锁时，互锁开关关闭

C. 维修塞手把解锁时，高压电路切断，无需拆下维修塞把手

D. 戴绝缘手套以操作维修塞手把

参考答案：C

※25. 混合动力汽车的动力部分不包括以下哪一项（　　）。

A. 控制系统

C. 发电机

B. 发动机

D. 驱动电机

参考答案：A

※26. 混合动力汽车的动力部分一般包括有（　　　）。

A. 发动机

C. 驱动电机

B. 发电机

D. 包括以上三项

参考答案：D

※27. 混合动力汽车发动机中，下列关于阿特金森循环的描述，哪一项是正确的（　　　）。

A. 与常规型汽油发动机相比，压缩比低

B. 压缩行程长而膨胀行程短

C. 与常规型汽油机相比，其排气损失低

D. 仅仅控制排气门正时

参考答案：A

※28. 检查、更换动力电池的电气线束，需要测量线束的绝缘等级，这时使用的测量仪是（　　　）。

A. 兆欧表

C. 电阻表

B. 万用表

D. 电压表

参考答案：A

※29. 检查动力电池的电气线束，重点操作内容是（　　　）。

A. 检查线束是否有老化破损

B. 检查波纹管是否存在破损、老化现象

C. 检查高压线束与运动件之间的位置关系，是否存在剐蹭

D. 以上三项都对

参考答案：D

※30. 锂离电子电池单体工作电压是（　　　）V。

A. 12

C. 1.2

B. 3.6

D. 1.8

参考答案：B

※31. 哪些不属于混合动力汽车的环保特点（　　　）。

A. 节能

C. 无污染

B. 高效

D. 低污染

参考答案：C

※32. 哪一项不是新能源纯电动汽车的特点（　　）。

A. 无废气污染
B. 比功率大

C. 成本低
D. 加速快

参考答案：C

※33. 镍镉电池单体工作电压（　　）。

A. 12V
B. 2V

C. 1.2V
D. 3V

参考答案：C

※34. 镍氢电池单体工作电压为（　　）。

A. 12V
B. 2V

C. 1.2V
D. 0.5V

参考答案：C

※35. 新能源纯电动汽车的最大特点是（　　）。

A. 功率大无污染
B. 功率大加速快

C. 无废气污染且噪声小
D. 加速快且噪声小

参考答案：C

※36. 用作电动车辆能量源的电池称为（　　）。

A. 电源
B. 电池

C. 动力电池
D. 电机

参考答案：C

※37. 更换动力电池箱散热风扇时需要确保以下事项：（　　）。

A. 佩戴绝缘手套，做好绝缘防护

B. 蓄电池负极电缆始终处于断开状态

C. 维修开关始终处于断开状态

D. 包括以上三项

参考答案：D

5.2 判断题

※1. HV（混合动力汽车）蓄电池冷却鼓风机工作时，从车厢内部

引入空气。（　　）

参考答案：对

※2. 拆下维修开关把手前，务必将电源开关位置于 ON 位置（打开 SMR）以确保安全。（　　）

参考答案：错

※3. 拆下维修开关把手前，务必将电源开关置于 OFF 位置（关闭 SMR）以确保安全。（　　）

参考答案：对

※4. 车辆长时间停放时，应每周检查一次动力电池状态，防止电池漏电。（　　）

参考答案：对

※5. 纯电动汽车电机控制器接收主控单元的信息。控制驱动电机的电流，实现汽车的行驶。（　　）

参考答案：对

※6. 动力电池只需要进行日常维护，不需要更换。（　　）

参考答案：错

※7. 对于串联混合动力系统，发动机驱动发电机，电动机使用由此产生的电能驱动车轮。（　　）

参考答案：错

※8. 更换动力电池箱散热风扇，在拆下维修开关把手时需要戴绝缘手套。（　　）

参考答案：对

※9. 混合动力电池箱散热风扇是由电池管理系统（BMS）控制。（　　）

参考答案：对

※10. 混联式混合传动机构中，用于实现能量分流和综合的动力分配装置是一个行星齿轮机构。（　　）

参考答案：对

※11. 铝铁电池单体工作电压为 1.2～1.5V。（　　）

参考答案：对

※12. 能量管理系统是电动车的智能核心。（　　）

参考答案：对

※13. 普锐斯动力系统是两台发电机——驱动电机组。（　　）

参考答案：对

※14. 清洁新能源汽车高压动力电池应使用吸尘器进行作业。（　　）

参考答案：对

※15. 锌镍电池单体工作电压为 1.65V。（　　）

参考答案：对

※16. 新能源纯电动汽车最大特点是无废气污染且噪声小。（　　）

参考答案：对

※17. 新能源汽车发展迅速，做到了全生命周期都是环保且无污染。（　　）

参考答案：错

※18. 通过专用诊断设备检查可以判断动力电池故障。（　　）

参考答案：对

第6章

汽车检测与维护试题精选

6.1 单项选择题

1. 汽车检测站主要用（　　）测量汽油车的排气污染物。

A. 分工况法　　　B. 等工况法　　　C. 双怠速法　　　D. 单怠速法

参考答案： D

※2. （　　）是气压制动跑偏的原因。

A. 制动总泵、制动踏板行程调整不当

B. 空气压缩机传动带打滑

C. 制动阀调整不当

D. 两前轮轮胎气压不一致

参考答案： D

※3. （　　）是行驶跑偏的原因。

A. 两前轮胎气压差过大

B. 车架变形或铆钉松动

C. 转向节主销与衬套间隙过大

D. 减振器失效，前钢板弹力不一致

参考答案： A

4. 下列（　　）项磨合时须拆汽油机的火花塞或柴油机的喷油器。

A. 冷磨合　　　　　　　　　　　B. 热磨合

C. 五负荷磨合　　　　　　　　　D. 有负荷磨合

参考答案：A

※5. （　　）是指为维持汽车完好技术状况或工作能力而进行的作业，应贯彻"预防为主，强制维护"的原则。

A. 汽车维护　　　　　　　　　　B. 汽车维护的目的

C. 延长汽车大修间隔里程　　　　D. 保持车容整洁

参考答案：A

※6. （　　）由维修企业进行，以检查、调整为中心内容。

A. 日常维护　　B. 一级维护　　C. 二级维护　　D. 三级维护

参考答案：C

7. 使用国产 EA-2000 型发动机综合分析仪时，当系统对各适配器逐个自检，若连接正确显示为（　　）色。

A. 红　　　　　　B. 绿　　　　　　C. 黄　　　　　　D. 蓝

参考答案：D

※8. （　　）由维修企业进行，以清洁、紧固、润滑为中心内容。

A. 日常维护　　B. 一级维护　　C. 二级维护　　D. 三级维护

参考答案：B

※9. 不属于发动机二级维护内容是（　　）。

A. 按规定次序和扭矩校紧缸盖螺栓

B. 检查发动机支架连接及损坏情况

C. 更换气门油封

D. 检查、紧固、调整散热器及百叶窗

参考答案：C

10. 汽车转向轮侧滑量的检测应在（　　）上进行。

A. 制动试验台　　　　　　　　　B. 滚筒试验台

C. 侧滑试验台　　　　　　　　　D. 操作平台

参考答案：C

※11. 不属于汽车底盘二级维护作业内容的是（　　）。

A. 检查离合器片　　　　　　　　B. 检查转向器

C. 检查离合器自由行程　　　　　D. 检查补足轮胎气压

参考答案：A

※12. 乘用车在 50km/h 的初速度下采用行车制动系统制动时，空

载检验时制动距离要求≤ （ ） m。

 A. 9   B. 19   C. 29   D. 39

 参考答案：A

13. 诊断和排除制动跑偏第一步应该 （ ）。

 A. 检查钢板弹簧是否折断或弹力不足

 B. 调整制动间隙或轮毂轴承

 C. 检查前轮左、右轮轮胎气压是否一致，按规定充气

 D. 检查前束是否符合要求

 参考答案：C

※14. 乘用车在 50km/h 的初速度下采用行车制动系统制动时，满载检验时制动距离要求≤ （ ） m。

 A. 10   B. 20   C. 40   D. 50

 参考答案：A

※15. 乘用车在 50km/h 速度采用紧急制动，制动距离要求≤ （ ） m。

 A. 18   B. 28   C. 38   D. 48

 参考答案：C

16. 燃料消耗量的台架检验方法是汽车在 （ ） 上来模拟道路试验。

 A. 发动机综合检测仪   B. 底盘测功机

 C. 气缸漏气量检测仪   D. 汽车负荷测功表

 参考答案：B

※17. 电气设备二级维护作业包括内容：检查电解液密度，根据情况加注 （ ）。

 A. 盐酸   B. 硫酸   C. 井水   D. 蒸馏水

 参考答案：D

※18. 电气设备二级维护作业包括清除发电机滑环表面油污，清洗检查轴承，填充 （ ）。

 A. 润滑脂   B. 机油   C. 密封胶   D. 绝缘胶

 参考答案：A

19. 下列制动跑偏的原因中不包括 （ ）。

 A. 制动踏板损坏

B. 有一侧钢板弹簧错位或折断

C. 转向桥或车架变形，左右轴距相差过大

D. 两侧主销后倾角或车轮外倾角不等，前束不符合要求

参考答案： A

※20. 电气设备二级维护作业包括清洁蓄电池表面和极桩，并在接线头上涂（　　）。

A. 润滑脂　　　　B. 不干胶　　　　C. 密封胶　　　　D. 绝缘胶

参考答案： A

21. 诊断与排除底盘异响需要下列哪些操作准备（　　）。

A. 汽车故障排除工具及设备　　　B. 故障诊断仪

C. 一台故障的汽车　　　　　　　D. 解码仪

参考答案： A

※22. 电气设备一级维护作业内容包括检查蓄电池液面高度，一般补充（　　）。

A. 蒸馏水　　　　B. 水　　　　C. 硫酸　　　　D. 盐酸

参考答案： A

※23. 电气设备在进行（　　）维护时，要求灯光、喇叭、仪表齐全有效。

A. 一级　　　　B. 出车前　　　　C. 特殊　　　　D. 日常

参考答案： A

※24. 电气设备在进行一级维护时，要求蓄电池电解液液面（　　）极板 10～15mm。

A. 低于　　　　B. 高于　　　　C. 等于　　　　D. 有时低于

参考答案： B

※25. 对于允许挂接挂的汽车，其驻车制动装置，必须能使汽车列车在满载的状态下，能停在（　　）%的坡道上。

A. 2　　　　B. 5　　　　C. 8　　　　D. 12

参考答案： D

※26. 二级维护，发动机的转速为（　　）r/min 时，点火角为 $13°±1°$。

A. 600　　　　B. 800　　　　C. 1000　　　　D. 1200

参考答案： D

※27. 二级维护，发动机的转速为 1200r/min 时，点火提前角（　　）±1°。

A. 9° 　　　　B. 11° 　　　　C. 13° 　　　　D. 15°

参考答案：C

※28. 二级维护检测轿车，轮胎的气压要符合规定，前轮是（　　）kPa，后轮是 190kPa；车轮动不平衡量为零。

A. 180 　　　　B. 260 　　　　C. 300 　　　　D. 400

参考答案：A

※29. 二级维护检测轮胎，应无异常磨损，轮胎胎冠花纹深度应大于（　　）mm。

A. 1.2 　　　　B. 1.6 　　　　C. 1.8 　　　　D. 2

参考答案：B

※30. 二级维护前，检查发动机的转速为（　　）r/min 时，单缸发动机断火的转速下降应不低于 90r/min。

A. 600 　　　　B. 800 　　　　C. 1000 　　　　D. 1200

参考答案：D

※31. 二级维护前，检查发动机的转速为（　　）r/min 时，点火电压应为 8～10kV。

A. 200 　　　　B. 400 　　　　C. 600 　　　　D. 800

参考答案：D

※32. 二级维护前，检查发动机的转速为（　　）r/min 时，点火提前角应为 9°。

A. 200 　　　　B. 400 　　　　C. 600 　　　　D. 800

参考答案：D

※33. 二级维护前，检查发动机的转速为 1200r/min 时，单缸发动机断火的转速下降应不低于（　　）r/min。

A. 30 　　　　B. 50 　　　　C. 70 　　　　D. 90

参考答案：D

※34. 二级维护前，检查发动机的转速为 800 r/min，点火电压应为（　　）kV。

A. 2～4 　　　　B. 4～6 　　　　C. 6～8 　　　　D. 8～10

参考答案：D

※35. 二级维护前检测轿车，轮胎气压应符合规定，前轮 180kPa，后轮 190kPa；车轮动不平衡量为（   ）。

A. 0   B. 2   C. 3   D. 4

参考答案：A

※36. 二级维护前检测轿车，轮胎气压应符合规定：前轮 180kPa，后轮（   ）kPa；车轮动不平衡量为零。

A. 190   B. 260   C. 300   D. 400

参考答案：A

※37. 二级维护作业的内容是（   ）。

A. 拆检清洗机油盘、集滤器，检查曲轴轴承松紧度，校正曲轴轴承螺栓、螺母

B. 更换气门油封

C. 更换曲轴前后油封

D. 检查和更换节温器

参考答案：A

※38. 发动机二级维护作业中要求电刷与滑环的接触面积（   ），且滑环表面光滑。

A. 小于 75%   B. 大于 75%   C. 小于 70%   D. 大于 70%

参考答案：B

※39. 发动机一级维护作业的内容主要有更换发动机机油和（   ）、补充冷却液、维护或更换空气滤清器滤芯、清洁火花塞、维护燃料系统、维护点火系统等。

A. 机油滤清器   B. 制动液   C. 冷却液   D. 高压线

参考答案：A

※40. 关于汽车行驶跑偏的原因。甲认为：车架变形只是行驶跑偏的直接原因。乙认为：前悬挂移位是其中之一。丙认为：单侧悬挂弹簧弹力不足是其中之一。看法正确的是（   ）。

A. 甲和乙   B. 乙和丙   C. 丙和甲   D. 均错

参考答案：B

※41. 关于行车制动性能的要求，甲说：汽车行车制动、应急制动和驻车制动的各系统应以某种方式相连；乙说：各种制动系统在其中之一失效时，汽车应能正常制动。对于以上说法（   ）。

A. 甲正确　　　　　　　　　　B. 乙正确

C. 甲乙都正确　　　　　　　　D. 甲乙都不正确

参考答案：C

※42. 国家检验标准规定最高车速小于 100km/h 的汽车转向盘向左或向右的自由转角不得大于（　　　）。

A. 30°　　　　B. 40°　　　　C. 15°　　　　D. 35°

参考答案：C

※43. 货车在 30km/h 的初速度下，采用应急制动，制动距离要求 ≤（　　　）m。

A. 10　　　　B. 20　　　　C. 30　　　　D. 40

参考答案：B

※44. 机动车转向盘的最大自由转动量对于最大设计车速小于 100km/h 的机动车不得大于（　　　）。

A. 5°　　　　B. 10°　　　　C. 15°　　　　D. 20°

参考答案：C

※45. 检查灯光、仪表、信号装置是电气设备（　　　）维护的作业内容。

A. 一级　　　　B. 二级　　　　C. 三级　　　　D. 日常

参考答案：A

※46. 检查制动鼓时，用（　　　）测量，制动鼓内圆面的圆度误差不得超过规定值。

A. 直尺　　　　B. 角尺　　　　C. 弓形内径规　　D. 深度尺

参考答案：C

※47. 检查制动器弹簧时，用（　　　）测量，其弹力不得小于规定值。

A. 弹簧秤　　　　B. 地磅　　　　C. 角尺　　　　D. 张紧计

参考答案：A

※48. 轿车类别代号是（　　　）。

A. 1　　　　B. 3　　　　C. 5　　　　D. 7

参考答案：D

※49. 紧固、润滑（　　　）球头销是汽车底盘一级维护作业内容。

A. 前桥　　　　B. 后桥　　　　C. 传动轴　　　　D. 支架

参考答案：A

※50. 客车在 30km 时速采用应急制动时，制动距离要求 ≤ （　　）m。

　　A. 18　　　　　　B. 28　　　　　　C. 38　　　　　　D. 48

参考答案：A

※51. 空载情况下，驻车制动装置应能保证机动车坡度 20%，轮胎与路面间附着系数不小于 0.7 的坡道上正、反两个方向保持不动，其时间不应少于（　　）min。

　　A. 2　　　　　　B. 3　　　　　　C. 4　　　　　　D. 5

参考答案：D

※52. 汽车（　　）的行驶里程为 2000～3000km。

　　A. 日常维护　　B. 一级维护　　C. 二级维护　　D. 三级维护

参考答案：B

※53. 汽车进行二级维护时，依据检测结果及汽车实际技术情况进行故障诊断，从而确定（　　），附加作业项目确定后与基本作业项目一并进行二级维护作业。

　　A. 技术状况　　　　　　　　B. 工时内容

　　C. 检验内容　　　　　　　　D. 附加作业项目

参考答案：D

※54. 汽车轮胎一级维护作业的技术要求为（　　）。

　　A. 检查轮胎一级维护时，气压应符合规定，胎面无石头

　　B. 轮胎气压应略高于规定值

　　C. 轮胎气压应略低于规定值

　　D. 轮胎的胎面磨损量需要检查

参考答案：A

※55. 汽车气压制动系统贮气筒的气压低于某一值时，气压不足报警灯报警开关触点（　　），报警灯（　　）。

　　A. 分开、不亮　　　　　　　B. 分开、亮

　　C. 闭合、不亮　　　　　　　D. 闭合、亮

参考答案：D

※56. 汽车气压制动系统贮气筒的气压高于（　　）MPa 以上时，气压不足报警灯开关触点分开，报警灯不亮。

A. 0.45 　　　 B. 0.3 　　　 C. 0.15 　　　 D. 0.05

参考答案：A

※57. 汽车上的安全系统有主动安全系统和被动安全系统，（　　　）为主动安全系统。

A. 制动系统

B. 安全气囊系统

C. 巡航系统

D. 发动机系统

参考答案：A

※58. 汽车使用技术状况包括汽车的动力性、（　　　）、燃料经济性、滑油消耗性。

A. 启动性能 　　 B. 加速性能 　　 C. 工作可靠性 　 D. 爬坡性能

参考答案：C

※59. 汽车维护是指为维持（　　　）或工作能力而进行的作业，贯彻"预防为主、强制维护"的原则。

A. 车容整洁

B. 汽车大修间隔里程

C. 汽车完好技术状况

D. 机油量应位于机油尺上、下刻线之间

参考答案：C

※60. 汽车维护中的扭力扳手的规格是（　　　）。

A. 0～300N·m

B. 0～500N·m

C. 0～1000N·m

D. 0～2000N·m

参考答案：A

※61. 汽车运输业汽车技术管理规定将汽车维护分为日常维护、一级维护、（　　　）三级。

A. 发动机二级维护

B. 更换润滑油维护

C. 二级维护

D. 轮胎维护

参考答案：C

※62. 汽车在修理过程中，其维修质量取决于汽车修理的（　　　）。

A. 工艺规程

B. 工艺设备

C. 工作人员的工作素质

D. 以上都对

参考答案：D

※63. 汽车正常行驶时，总是偏向行驶方向的左侧或右侧，这种现

象称为（　　）。

A. 行驶跑偏　　B. 制动跑偏　　C. 制动甩尾　　D. 车轮回正

参考答案：A

※64. 汽车制动器的内张双蹄式鼓式制动器，以制动鼓的（　）面为工作表面。

A. 内圆柱　　B. 外圆柱　　C. 端面　　D. 以上都不对

参考答案：A

※65. 汽车制动器制动蹄在不工作的原始位置时，摩擦片与制动鼓之间应保持合适的间隙，其间隙一般为（　　）mm。

A. 0～0.2　　B. 0～0.5　　C. 0～0.8　　D. 0～1.0

参考答案：B

※66. 汽车制动蹄支承销孔与支承配合间隙不超过（　　）。

A. 0.5　　B. 0.05　　C. 0.15　　D. 0.1

参考答案：B

※67. 汽车制造厂有特别说明或标明可以润滑油是汽油机和柴油机的通用时，（　　）。

A. 可以任意通用　　B. 可标明的级别内通用

C. 也不能通用　　D. 大货车可以通用

参考答案：B

※68. 汽车转向器一级维护的内容主要有检查转向器、转向传动机构的工作状态和（　　），并校紧各螺栓。

A. 转向横拉杆　　B. 转向传动轴　　C. 密封性　　D. 转向盘

参考答案：C

※69. 汽车转向器一级维护的内容主要有检查转向器、（　　）的工作状况和密封性，并校紧各螺栓。

A. 转向传动机构　　B. 主减速器

C. 传动轴　　D. 转向垂臂

参考答案：A

※70. 汽车转向器一级维护内容主要检查（　　）、转向传动机构的工作状况和密封性，并拧紧各螺栓。

A. 转向盘　　B. 转向器　　C. 转向传动轴　　D. 转向横拉杆

参考答案：B

※71. 通常情况下，汽车每行驶 2000～3000km，必须进行一次
（　　）。

A. 一级维护　　　B. 二级维护　　　C. 日常维护　　　D. 轮胎维护

参考答案： A

※72. 小型汽车的驻车制动器大多与（　　）行车制动器共用一个
制动器。

A. 前轮　　　　　B. 后轮　　　　　C. 前轮或后轮　　D. 前轮和后轮

参考答案： B

※73. 行车制动在产生最大制动作用时的踏板力，对于座位数小于
或等于 9 的载客汽车应不大于（　　）N。

A. 100　　　　　B. 200　　　　　C. 500　　　　　D. 800

参考答案： C

※74. 液压行车制动系在达到规定的制动效能时，对于制动器装有
自动调整间隙装置的车辆的踏板行程不得超过踏板全行程的（　　）。

A. 1/4　　　　　B. 1/2　　　　　C. 3/4　　　　　D. 4/5

参考答案： D

※75. 液压行车制动系在达到规定的制动效能时，对于座位数大于
9 的载客汽车踏板行程应不得超过（　　）mm。

A. 80　　　　　B. 100　　　　　C. 120　　　　　D. 150

参考答案： D

※76. 液压行车制动系在达到规定的制动效能时，对于座位数小于
9 的载客汽车踏板行程应不得超过（　　）mm。

A. 80　　　　　B. 100　　　　　C. 120　　　　　D. 140

参考答案： C

※77. 液压制动系统在（　　）之前，一定要排气。

A. 装车　　　　B. 检修　　　　C. 修理后　　　　D. 装配

参考答案： A

※78. 一级维护的行驶里程为（　　）km。

A. 500～1000　B. 1000～2000　C. 2000～3000　D. 3000～4000

参考答案： C

※79. 一级维护工艺是进厂、（　　）、竣工检验、出厂等。

A. 更换机油　　B. 更换冷却液　C. 作业　　　　D. 做预算

参考答案：C

※80. 一级维护竣工检查技术要求中，发动机前后悬挂、进排气歧管、散热器、轮胎、传动轴、车身、附件支架等外露件螺母（　　）。

A. 须齐全、紧固、无裂纹

B. 须齐全、紧固、有裂纹

C. 须大多数齐全、紧固、无裂纹即可

D. 无须检查

参考答案：A

※81. 一级维护竣工检查技术要求中，转向臂、转向拉杆、制动操纵机构工作可靠，锁销（　　），转向杆球头、转向传动十字轴承、传动轴十字轴承（　　）。

A. 可有可无　　间隙可大些　　　　B. 齐全有效　　无松旷

C. 无须检查坚固　　　　　　　　　D. 坚固　　无裂纹

参考答案：B

※82. 一级维护竣工检验技术要求中，各润滑脂油嘴齐全有效，安装位置正确，所有润滑点（　　）。

A. 可不润滑　　　　　　　　　　　B. 无需检查

C. 须清洁　　　　　　　　　　　　D. 均已润滑，无遗漏

参考答案：D

※83. 一级维护竣工检验技术要求中，转向器、变速器、驱动桥的润滑油面，应在检视口下沿（　　）mm 处，通风孔应畅通，变速器、减速器螺母紧固可靠。

A. 15～25　　　B. 0～25　　　C. 0～15　　　D. 20

参考答案：C

※84. 制动液应按汽车使用说明书的要求按期更换，其更换期一般为（　　）年。

A. 1　　　　　B. 1.5　　　　C. 2　　　　D. 2.5

参考答案：C

※85. 属于汽车底盘二级维护作业内容的是（　　）。

A. 检查曲轴磨损　　　　　　　　　B. 检查变速器齿轮

C. 检查离合器片厚度　　　　　　　D. 检查调整气门间隙

参考答案：C

※86. 属于汽车底盘一级维护作业内容的是 (　　)。

A. 转向角检查　　　　　　　B. 变速器滑润油质量

C. 检查备胎　　　　　　　　D. 检查减振器性能

参考答案：D

※87. 属于预防性维护作业的是 (　　)。

A. 日常维护　　　B. 一级维护　　　C. 二级维护　　　D. 三级维护

参考答案：A

※88. 总质量不大于 3500kg 的低速货车在 30km/h 的初速度下，采用行车制动系统制动时，空载检验时制动距离要求≤ (　　) m。

A. 8　　　　　　　B. 18　　　　　　　C. 28　　　　　　　D. 38

参考答案：A

6.2　判断题

※1. 超低压轮胎的胎压是小于 0.5MPa。(　　)

参考答案：错

2. QFC-4 型微电脑发动机综合分析仪可判断柴油机气缸压力。(　　)

参考答案：对

※3. 底盘二级维护作业中，要求轮胎螺栓规格一致。(　　)

参考答案：对

※4. 二级维护前，检查发动机的转速为 1200r/min，点火提前角应为 $13°\pm1°$。(　　)

参考答案：对

※5. 二级维护前，检查发动机的转速为 1200r/min 时，单缸发动机断火转速下降应不小于 90r/min。(　　)

参考答案：对

※6. 二级维护前，检查发动机的转速为 800r/min，点火提前角应为 $7°$。(　　)

参考答案：错

7. 万用表为电控发动机常用诊断的通用仪表。(　　)

参考答案： 对

※8. 货车在 30km/h 的初速度下采用应急制动系统制动时，制动距离要求≤40m。（　　）

参考答案： 错

※9. 轿车类别代号是 7。（　　）

参考答案： 对

10. 汽车进行滑行性能检测时，使车辆以 3～5km/h 的车速沿台板上的指示线平稳前行，在行进过程中不得转动转向盘。（　　）

参考答案： 对

※11. 汽车日常维护的行驶里程是 2000～3000km。（　　）

参考答案： 错

※12. 汽车拖带挂车时，解除挂车制动时，要晚于主车制动。（　　）

参考答案： 错

※13. 汽车维护的目的是贯彻"预防为主、强制维护"。（　　）

参考答案： 错

※14. 汽车行驶跑偏只是悬架系统损坏引起的常见故障。（　　）

参考答案： 错

※15. 日常维护由维修企业进行，以检查、调整为中心内容。（　　）

参考答案： 错

※16. 如汽车制动跑偏，说明汽车某一侧车轮制动间隙过大。（　　）

参考答案： 对

※17. 若在良好的路面上出现侧滑，应检查车轮定位。（　　）

参考答案： 对

※18. 一般情况下，润滑脂的稠度等级多选用 2 号。（　　）

参考答案： 对

※19. 一般情况下，润滑脂的稠度等级多选用 4 号。（　　）

参考答案： 错

※20. 一级维护作业时应检查转向传动十字轴承、传动轴十字轴承应无松旷现象。（　　）

参考答案： 错

※21. 在空载状态下，驻车制动装置应能保证机动车在坡度为 20%、轮胎与路面间的附着系数不小于 0.7 的坡道上。（　　）

参考答案：对

※22. 在良好的路面上出现侧滑，应检查车轮定位。（　　）

参考答案：对

※23. 在行驶中轮胎爆破须快速停车。（　　）

参考答案：错

※24. 真空助力式液压传动装置，制动时真空加力气室产生的推力，同踏板力一样直接作用在制动主缸的活塞推杆上。（　　）

参考答案：对

※25. 汽车制造厂有特别说明或标明润滑油是汽油机和柴油机的通用油时，可标明的级别内通用。（　　）

参考答案：对

※26. 两前轮胎气压差过大或磨损程度不一致是行驶跑偏的原因之一。（　　）

参考答案：对

第 **7** 章

工具和测量知识试题精选

7.1 单项选择题

※1. A 级火灾发生时可用（　　）灭火法。

A. 冷却　　　　　　　　　　　B. 二氧化碳

C. 绝缘灭火剂　　　　　　　　D. 特殊灭火剂盖息

参考答案：A

2. 诊断与排除底盘异响需要下列哪些操作准备（　　）。

A. 汽车故障排除工具及设备　　B. 故障诊断仪

C. 一台故障的汽车　　　　　　D. 解码仪

参考答案：A

※3. C 级火灾发生时，可用（　　）灭火法。

A. 冷却　　　　　　　　　　　B. 二氧化碳

C. 绝缘灭火剂　　　　　　　　D. 特殊灭火剂盖熄

参考答案：D

4. 常用的台虎钳有（　　）和固定式两种。

A. 齿轮式　　　B. 回转式　　　C. 蜗杆式　　　D. 齿条式

参考答案：B

※5. 安装锯条时，锯齿的齿尖要（　　）。

A. 朝前　　　B. 朝后　　　C. 倾斜　　　D. 无要求

参考答案： A

6. 游标卡尺测量工件某部位外径时，卡尺与工件应垂直，记下（　　）。

A. 最小尺寸　　　B. 平均尺寸　　　C. 最大尺寸　　　D. 任意尺寸

参考答案： C

※7. 百分表中的短指针转动一格为（　　）mm。

A. 0.1　　　　B. 0.2　　　　C. 1　　　　D. 2

参考答案： C

※8. 拆装油底壳、变速器等的放油螺栓通常选用（　　）。

A. 内六角扳手　B. 方扳手　　　C. 钩形扳手　　　D. 圆螺母扳手

参考答案： B

※9. 剪式举升器为（　　）。

A. 气动式举升器　　　　　　　B. 电动式举升器

C. 液压式举升器　　　　　　　D. 移动式举器

参考答案： B

※10. 用（　　）测量工件时，读完数后需倒转微分套筒后再取出工件。

A. 游标卡尺　　　B. 百分表　　　C. 千分尺　　　D. 千分表

参考答案： C

11. 黄铜的主要用途用来制作（　　）冷凝器、散热片及导电、冷冲压、冷挤压零件等部件。

A. 导管　　　　B. 密封垫　　　C. 活塞　　　　D. 空调管

参考答案： B

※12. 精度为 0.05mm 的游标卡尺其游标的刻线格数为（　　）。

A. 10 格　　　B. 20 格　　　C. 30 格　　　D. 40 格

参考答案： B

※13. 举升 2.5 吨以下的各种小轿车、面包车适宜选用（　　）举升。

A. 气动式举升器　　　　　　　B. 电动式举升器

C. 液压式举升器　　　　　　　D. 移动式举器

参考答案： A

※14. 轮毂轴承螺栓，螺母拆装适于选用（　　）。

A. 内六角扳手　　　　　　　B. 方扳手

C. 钩形扳手　　　　　　　D. 专用套筒扳手

参考答案： D

※15. 若在火场时衣服着火了，不正确的选项是（　　　）。

A. 尽快脱掉衣帽　　　　　　B. 就地倒下打滚

C. 快跑　　　　　　　　　D. 将衣服撕碎扔掉

参考答案： C

※16. 用百分表测量变速器输出轴的径向跳动量要求不大于（　　　）mm，使用极限为0.06mm。

A. 0.02　　　　B. 0.025　　　　C. 0.03　　　　D. 0.035

参考答案： B

※17. 用千分尺测量工件时，先旋转微分套筒，当（　　　）时改用旋转棘轮，直到棘轮发出2～3下"卡卡"声时，开始读数。

A. 测砧与工件测量表面接近　　　B. 测砧远离工件表面

C. 测砧与测微螺杆接近　　　D. 测砧远离测微螺杆

参考答案： A

※18. 用深度游标卡尺测量衬片铆钉头距摩擦衬片表面应不小于（　　　）mm，衬片厚度应不小于9mm。

A. 0.2　　　　B. 0.3　　　　C. 0.4　　　　D. 0.8

参考答案： D

※19. 用深度游标卡尺测量衬片铆钉头距摩擦衬片表面应不小于0.80mm，衬片厚度应不小于（　　　）mm。

A. 3　　　　B. 5　　　　C. 7　　　　D. 9

参考答案： D

※20. 用游标卡尺分别测量制动蹄支承销与衬套，其配合间隙不应超过（　　　）mm。

A. 0.3　　　　B. 0.25　　　　C. 0.35　　　　D. 0.4

参考答案： A

※21. 游标卡尺常用的精度值是（　　　）。

A. 0.10mm、0.02mm、0.05mm

B. 0.01mm、0.02mm、0.05mm

C. 0.10mm、0.20mm、0.50mm

D. 0.10mm、0.20mm、0.05mm

参考答案：B

※22. 游标卡尺上游标的刻线数越多则游标的（　　　）。

A. 结构越小　　　　　　　　　　B. 长度越短

C. 分度值越大　　　　　　　　　D. 读数精准度越高

参考答案：D

※23. 在火场的浓烟区被围困时，正确的做法是（　　　）。

A. 低姿势行走　　　　　　　　　B. 短呼吸法

C. 用湿毛巾捂住嘴　　　　　　　D. 以上三项都正确

参考答案：D

※24. 主要对汽车进行局部举升的装置是（　　　）。

A. 举升器　　　　B. 千斤顶　　　　C. 木块　　　　D. 金属块

参考答案：B

※25. 属于正常使用汽油罐的选项是（　　　）。

A. 油液一定要到罐顶

B. 将汽油最好放在车间内

C. 搬运时不得翻转油罐

D. 为了便于通风不用油时要打开加油口

参考答案：C

※26. 柱式举升机多为（　　　）。

A. 气动式举升器　　　　　　　　B. 电动式举升器

C. 电动液压式举升器　　　　　　D. 移动式举升器

参考答案：C

7.2　判断题

※1. 千分尺的读数机构由固定套筒和微分套筒组成。（　　　）

参考答案：对

※2. 双柱式举升器主要用于举升 3t 以下的轿车或小客货车。（　　　）

参考答案：对

※3. 水是天然灭火剂，适用于 B 级火灾。被围困浓烟区的人要短

呼吸，匍匐穿过浓烟区。（　　　）

参考答案：错

※4. 应根据需要举升车辆的结构、重量选择相应的举升器。（　　　）

参考答案：对

※5. 用千分尺测量工件时，读完数后需正转微分套筒后再取出工件。（　　　）

参考答案：错

※6. 用深度游标卡尺测量，衬片铆钉头距摩擦衬片表面应不小于0.20mm。（　　　）

参考答案：错

※7. 游标卡尺按其测量功能分为：0.10mm、0.02mm、0.05mm三种。（　　　）

参考答案：错

※8. 游标卡尺按其测量精度不同可分为 0.01mm、0.02mm 和0.05mm 三种。（　　　）

参考答案：对

※9. 工件尺寸是游标卡尺尺身读出的整毫米数＋游标刻度。（　　　）

参考答案：错

10. 黄铜的主要用途用来制作导管、空调管、散热片及导电、冷冲压、冷挤压零件等部件。（　　　）

参考答案：错

第**8**章

职业道德试题精选

8.1 单项选择题

※1. 爱岗敬业的具体要求是（　　）。

A. 看效益决定是否爱岗　　　　B. 转变择业观念

C. 提高职业技能　　　　D. 增强把握择业的机遇意识

参考答案：C

※2. 爱岗敬业作为职业道德的重要内容，是指员工（　　）。

A. 强化职业责任　　　　B. 热爱有钱的岗位

C. 热爱自己喜欢的岗位　　　　D. 不应多转行

参考答案：A

※3. 道德是（　　）。

A. 人和市场都具有的行为规范

B. 是规定人们的权力和义为的行为规范

C. 一定社会阶级向人们提出的处理人与人、人与社会、人与自然之间关系的行为规范

D. 是随阶级、国家的消亡的特殊行为规范

参考答案：C

※4. 对待职业和岗位，（　　）并不是爱岗敬业所要求的。

A. 树立职业理想　　　　B. 干一行爱一行专一行

C. 遵守企业的规章制度　　　　D. 一职定终身，不改行

参考答案：D

※5. 对职业道德具体性理解正确的是（　　　）。

A. 反映了较强的专业特点

B. 不能用发规范约束其他行业人员的职业行为

C. 对其他行业人员有较强的约束性

D. 反映了职业教育道德观念代代相传的特点

参考答案：B

※6. 市场经济条件下，（　　　），不违反职业道德规范中关于诚实守信的要求。

A. 通过诚实合法劳动，实现利益最大化

B. 打进对手内部，增强竞争优势

C. 根据服务对象来决定是否遵守承诺

D. 凡有利于增大企业利益的行为就做

参考答案：A

※7. 市场经济条件下，不符合爱岗敬业要求的是（　　　）的观念。

A. 树立职业理想　　　　　　B. 强化职业责任

C. 干一行爱一行　　　　　　D. 多转行多受锻炼

参考答案：D

※8. 正确阐述职业道德与人的事业的关系的选项是（　　　）。

A. 没有职业道德的人不会获得成功

B. 要取得事业的成功，前提条件是要有职业道德

C. 事业成功的人往往并不需要较高的职业道德

D. 职业道德是人获得成功的重要条件

参考答案：D

※9. 职业道德的特征（　　　）。

A. 多样性和具体性　　　　　B. 专业性和实用性

C. 稳定性和连续性　　　　　D. 以上三项都正确

参考答案：D

※10. 职业道德对企业的作用（　　　）。

A. 决定经济效益　　　　　　B. 促进决策科学化

C. 增强竞争力　　　　　　　D. 滋生员机守业意识

参考答案：C

※11. 职业道德对企业起到（   ）的作用。

A. 增强员工独立意识   B. 调和企业上级与员工关系

C. 使员工能规矩做事情   D. 增强企业凝聚力

参考答案：D

※12. 职业道德是人的事业成功的（   ）。

A. 重要保证   B. 最终结果   C. 决定条件   D. 显著标志

参考答案：C

※13. 职业道德是一种（   ）。

A. 处事方法   B. 行为规范   C. 思维习惯   D. 办事态度

参考答案：B

※14. 职业道德是一种（   ）的约束机制。

A. 强制性   B. 非强制性   C. 自愿的   D. 随意的

参考答案：B

※15. 职业道德通过（   ），起着增强企业凝聚力的作用。

A. 协调员工之间的关系   B. 增加职工福利

C. 为员工创造发展空间   D. 调节企业与社会的关系

参考答案：A

※16. 职业道德与人的事业的关系是（   ）。

A. 职业道德是人成功的充分条件

B. 没有职业道德的人不会获得成功

C. 事业成功的人往往具有较高的职业道德

D. 缺乏职业道德的人往往也有可能获得成功

参考答案：C

※17. 职业纪律是从事这一职业的员工应该共同遵纪的行为准则，它包括的内容有（   ）。

A. 交往规则   B. 操作程序   C. 群众观念   D. 外事纪律

参考答案：B

※18. 属于职业道德范畴的是（   ）。

A. 人们的内心信念   B. 人们的文化水平

C. 人们的思维习惯   D. 员工的技术水平

参考答案：A

※19. 属于职业道德作用的是（　　　）。

A. 增强企业的凝聚力　　　　　　B. 增强企业的离心力

C. 决定企业的经济效益　　　　　D. 增强企业员工的独立性

参考答案： A

8.2　判断题

※1. 爱岗敬业作为职业道德的内在要求，指的是员工要爱自己喜欢的工作岗位。（　　　）

参考答案： 错

※2. 各行各业的职业道德具有相同的内容。（　　　）

参考答案： 错

※3. 市场经济条件下，根据服务对象来决定是否遵守承诺并不违反职业道德规范中关于诚实守信的要求。（　　　）

参考答案： 对

※4. 事业成功的人往往具有较高的职业道德。（　　　）

参考答案： 对

※5. 向企业员工灌输的职业道德太多了，容易使员工产生谨小慎微的观念。（　　　）

参考答案： 错

※6. 员工在职业交往活动中，尽力在服饰上突出个性是符合仪表端庄具体要求的。（　　　）

参考答案： 错

※7. 职业道德活动中做到严肃待客、不卑不亢是符合职业道德规范要求的。（　　　）

参考答案： 错

※8. 职业道德是人的事业成功的重要条件。（　　　）

参考答案： 对

※9. 职业道德是协调企业内部人际关系的法宝，而企业内部人际关系的主体是职工与领导之间的关系。（　　　）

参考答案： 错

※10. 职业道德是指从事一定职业的人们，在长期职业活动中形成的一种行为规范。（　　）

参考答案： 对

※11. 职业道德在形式上都比较具体、简明扼要、通俗易懂，具有具体性的特点。（　　）

参考答案： 对

※12. 职业活动中，一贯地诚实守信会损害企业利益。（　　）

参考答案： 错

※13. 职业纪律包括群众纪律。（　　）

参考答案： 对

※14. 职业纪律是企业的行为规范，职业纪律具有随意性的特点。（　　）

参考答案： 错

第**9**章

企业管理试题精选

9.1 选择题

1. 职业道德是一种（　　）规范，受社会普遍的认可。

A. 行业　　　　　B. 职业　　　　　C. 社会　　　　　D. 国家

参考答案： B

2. （　　）可以调节从业人员内部的关系。

A. 社会责任　　　B. 社会公德　　　C. 社会意识　　　D. 职业道德

参考答案： D

3. 全心全意为人民服务是社会主义职业道德的（　　）。

A. 前提　　　　　B. 关键　　　　　C. 核心　　　　　D. 基础

参考答案： C

4. 职业意识是指人们对职业岗位的认同、（　　）、情感和态度等心理成分的总和，其核心是爱岗敬业精神，在本职岗位上能够踏踏实实地做好工作。

A. 评价　　　　　B. 接受　　　　　C. 态度　　　　　D. 同情

参考答案： A

5. 法律主要体现的是（　　）的意志。

A. 全民　　　　　B. 统治阶级　　　C. 党　　　　　　D. 整个社会

参考答案： B

6. 纪律也是一种行为规范，但它是介于法律和（ ）之间的一种特殊的规范。

A. 法规   B. 道德   C. 制度   D. 规范

参考答案：B

7. （ ）是每一个员工的基本职业素质体现。

A. 放纵他人   B. 严于同事   C. 放纵自己   D. 严于律己

参考答案：D

8. 劳动权主要体现为平等就业权和选择（ ）。

A. 职业权   B. 劳动权   C. 诚实守信   D. 实话实说

参考答案：A

9. 全面质量管理概念最早是由（ ）质量管理专家提出的。

A. 美国   B. 英国   C. 法国   D. 加拿大

参考答案：A

10. （ ）的基本职能是调节职能。

A. 职业道德   B. 社会责任   C. 社会意识   D. 社会公德

参考答案：A

11. 下列不应属于汽车维修质量管理方法的是（ ）。

A. 制订计划   B. 建立质量分析制度

C. 预测汽车故障   D. 制订提高维修质量措施

参考答案：C

12. 质量意识是以质量为（ ），自觉保证工作质量的意识。

A. 核心内容   B. 个人利益   C. 集体利益   D. 技术核心

参考答案：A

13. 劳动权主要体现为平等（ ）和选择职业权。

A. 基本要求   B. 劳动权   C. 就业权   D. 实话实说

参考答案：C

14. （ ）是社会主义职业道德的灵魂。

A. 为人民服务   B. 为行业服务

C. 为企业服务   D. 为社会服务

参考答案：A

15. 职业意识是指人们对职业岗位的认同、评价、（ ）和态度等心理成分的总和，其核心是爱岗敬业精神，在本职岗位上能够踏踏实实地做好工作。

    A. 接受   B. 态度   C. 情感   D. 许可

参考答案： C

16. 职业是指（　　）。

    A. 人们所做的工作

    B. 能谋生的工作

    C. 收入稳定的工作

    D. 人们从事的比较稳定的有合法收入的工作

参考答案： D

17. 所谓职业道德评价，就是根据一定（　　）或阶级的道德原则或规范，对他人或自己的行为进行善恶判断，表明褒贬态度。

    A. 职业守则   B. 社会   C. 从业人员   D. 道德品质

参考答案： B

18. 职业道德的主要内容是对（　　）义务的要求。

    A. 行业   B. 管理人员   C. 员工   D. 股东

参考答案： C

19. 职业道德标准（　　），代表了不同企业可能具有不同的价值观。

    A. 多元化   B. 人生观   C. 职业道德   D. 多样性

参考答案： A

20. 职业意识是指人们对职业岗位的（　　）、评价、情感和态度等心理成分的总和，其核心是爱岗敬业精神，在本职岗位上能够踏踏实实地做好工作。

    A. 接受   B. 认同   C. 态度   D. 同情

参考答案： B

21. 团队意识含义包括（　　）和合作能力两个方面。

    A. 集体力量   B. 行为规定   C. 集体意识   D. 规范意识

参考答案： C

22. 由于各种职业的职业责任和义务（　　），从而形成各自特定的职业道德的具体规范。

    A. 不同   B. 相同   C. 近似   D. 相似

参考答案： A

23. 劳动权主要体现为平等就业权和选择（   ）。

A. 职业权　　　B. 劳动权　　　C. 诚实守信　　　D. 实话实说

参考答案：A

24. 所谓职业道德评价，就是根据一定社会或阶级的（   ）或规范，对他人或自己的行为进行善恶判断，表明褒贬态度。

A. 职业守则　　　B. 从业人员　　　C. 道德原则　　　D. 道德品质

参考答案：C

25. 由于各种职业的职业责任和义务不同，从而形成各自特定的（   ）的具体规范。

A. 制度规范　　　B. 法律法规　　　C. 职业道德　　　D. 行业标准

参考答案：C

26. 职业素质是（   ）对社会职业了解与适应能力的一种综合体现，其主要表现在职业兴趣、职业能力、职业个性及职业情况等方面。

A. 消费者　　　B. 生产者　　　C. 劳动者　　　D. 个人

参考答案：C

27. 我国的政权组织形式是（   ）。

A. 政治协商制度　　　　　　　B. 人民代表大会制度

C. 人民民主专政制度　　　　　D. 产阶级专政制

参考答案：B

28. 职业素质是劳动者对社会职业了解与适应能力的一种综合体现，其主要表现在职业兴趣、（   ）、职业个性及职业情况等方面。

A. 消费者　　　B. 职业能力　　　C. 生产者　　　D. 个人

参考答案：B

29. 职业道德调节职业交往中从业人员内部以及与（   ）服务对象间的关系。

A. 从业人员　　　B. 职业守则　　　C. 道德品质　　　D. 个人信誉

参考答案：A

30. 职业道德标准多元化，代表了不同企业可能具有不同的（   ）。

A. 价值观　　　B. 人生观　　　C. 职业道德　　　D. 多样性

参考答案：A

9.2 判断题

1. 尽管公司的规章制度齐全，员工仍然需要严于律己。（ ）

参考答案：对

2. 对于企业不具备修复条件的，可委托其他专业维修厂予以修复。（ ）

参考答案：对

3. 合同也称契约，是指平等主体的自然人、法人、其他组织之间设立、变更、终止民事权利义务关系的协议。（ ）

参考答案：对

4. 职业道德具有发展的历史继承性。（ ）

参考答案：对

5. 为人民服务是社会主义道德建设的核心。（ ）

参考答案：对

6. 职业素质是劳动者对个人职业了解与适应能力的一种综合体现，其主要表现在职业兴趣、职业能力、职业个性及职业情况等方面。（ ）

参考答案：错

7. 汽车维修质量是维修企业的生命线。（ ）

参考答案：对

8. 全面质量管理概念最早是由法国质量管理专家提出的。（ ）

参考答案：错

9. 平等就业是指在劳动就业中实行权利平等、民族平等的原则。（ ）

参考答案：错

10. 爱岗敬业是为人民服务和从业人员精神的具体体现，是社会主义职业道德一切基本规范的基础。（ ）

参考答案：错

11. 职业道德是社会道德体系的重要组成部分，它一方面具有社会道德的一般作用，另一方面它又具有自身的特殊作用。（ ）

参考答案： 对

12. 全面质量管理概念最早是由法国质量管理专家提出的。（　　　）

参考答案： 错

13. 为人民服务是社会主义道德建设的核心。（　　　）

参考答案： 对

14. 劳动纠纷是指劳动关系双方当事人在执行劳动法律、法规或履行劳动合同的过程中持不同的主张和要求而产生的争执。（　　　）

参考答案： 对

第 **10** 章

其他试题精选

10.1 单项选择题

※1. ( ) 是确定合同双方当事人权利义务关系的根本依据，也是判断合同是否有效的客观依据。

A. 合同的形式 　　　　　　B. 合同的主体

C. 合同的内容 　　　　　　D. 合同订立

参考答案： C

※2.《劳动法》规定劳动者可以享受的权利是 ( )。

A. 平等就业的权利

B. 选择就业的权利

C. 提出劳动争议处理的权利

D. 平等就业的权利、选择就业的权利、提请劳动争议处理的权利都对

参考答案： D

※3.《劳动法》中权利和义务的关系是 ( )。

A. 相辅相成的

B. 互为条件的

C. 相互统一的

D. 相辅相成的，互为条件的，相互统一的都对

参考答案： D

※4. 不属于可撤销合同的是（　　　）。

A. 依法订立的合同　　　　　　　B. 显失公平的合同

C. 乘人之危订立的合同　　　　　D. 因重大误解订立的合同

参考答案： A

※5. 合同内容由（　　　）约定。

A. 代理人　　　　　　　　　　　B. 当事人

C. 合同建议的提出者　　　　　　D. 旁观者

参考答案： B

※6. 合同是由当事人在（　　　）基础上意思表达一致而成立的。

A. 有领导关系　　　　　　　　　B. 有亲属关系

C. 平等　　　　　　　　　　　　D. 对立

参考答案： C

※7. 合同员工违犯职业纪律，在给其处分时应把握的原则是（　　　）。

A. 企业不能做罚款处罚

B. 严重不遵守企业纪律，即可解除合同

C. 视情节轻重，可以作出撤职处分

D. 警告往往效果不大

参考答案： C

※8. 民事法律中，（　　　）是合同的主体。

A. 自然人　　　　B. 法人　　　　C. 其他组织　　　　D. 以上都对

参考答案： D

※9. 未成年工是指（　　　）的劳动者。

A. 小于 16 周岁　　　　　　　　B. 已满 16 周岁未满 18 周岁

C. 小于 18 周岁　　　　　　　　D. 等于 18 周岁

参考答案： B

※10.（　　　）是指金属材料是否容易被切削工具进行加工的性能。

A. 可焊性　　　　B. 延展性　　　　C. 切削性　　　　D. 渗透性

参考答案： C

※11. 不属于金属材料的工艺性能的是（　　　）。

A. 可焊性　　　　B. 可锻性　　　　C. 耐磨性　　　　D. 韧性

参考答案： D

※12. 不属于金属材料的力学性能的是（　　　）。

A. 塑性　　　　B. 韧性　　　　C. 渗透性　　　　D. 强度

参考答案： C

※13. 生产中通常把金属零件淬火加高温回火称为（　　　）。

A. 时效　　　　B. 调质　　　　C. 回火　　　　D. 退火

参考答案： B

※14. 液压传动的基本回路中，平衡阀是由（　　　）组成的复合阀。

A. 减压阀和溢流阀　　　　　　　B. 单向阀和溢流阀

C. 单向阀和顺序阀　　　　　　　D. 节流阀和顺序阀

参考答案： C

※15. 液压传动靠（　　　）来传递动力。

A. 油液的容积　　　　　　　　　B. 油液的黏度

C. 油液的压力　　　　　　　　　D. 油液的压缩性

参考答案： C

※16. 属于液压传动缺点的是（　　　）。

A. 不便于过载保护　　　　　　　B. 传动效率低

C. 不易实现无级调速　　　　　　D. 润滑条件差

参考答案： B

※17. （　　　）或服务质量是企业生产经营活动的结果。

A. 劳动　　　　B. 工作　　　　C. 产品　　　　D. 商品

参考答案： C

※18. （　　　）是保证和提高维修质量的先决条件。

A. 加强教育　　　　　　　　　　B. 抓技术管理

C. 应用新技术　　　　　　　　　D. 推行管理新经验

参考答案： A

※19. 对全面质量管理方法的特点描述恰当的是（　　　）。

A. 单一性　　　　B. 机械性　　　　C. 多样性　　　　D. 专一性

参考答案： C

※20. 关于创新的论述，不正确的说法是（　　　）。

A. 创新需要"标新立异"　　　　　B. 服务也需要创新

C. 创新是企业进步的灵魂　　　　D. 引进别人的新技术不算创新

参考答案： D

※21. 每个工作人员的（　　）会直接或间接地影响产品质量。

A. 体质　　　　B. 能力　　　　C. 精神　　　　D. 工作质量

参考答案： D

※22. 企业创新要求员工努力做到（　　）。

A. 不能墨守成规，但也不能标新立异

B. 大胆地破除现有的结论，自创理论体系

C. 大胆地试，大胆地闯，敢于提出新问题

D. 激发人的灵感，遏制冲动和情感

参考答案： C

※23. 企业管理部门生产经营活动中，促进员工之间平等尊重的措施是（　　）。

A. 互利互惠，加强协作　　　　B. 加强交流，平等对话

C. 只要合作，不要竞争　　　　D. 人心叵测，谨慎行事

参考答案： B

※24. 企业文化的功能不包括（　　）。

A. 激励功能　　B. 导向功能　　C. 整合功能　　D. 娱乐功能

参考答案： D

※25. 全面的质量管理是把（　　）和效益统一起来的质量管理。

A. 产品质量　　B. 工作质量　　C. 质量成本　　D. 使用成本

参考答案： C

※26. 全面质量管理的主要特点是突出"（　　）"字。

A. 新　　　　　B. 全　　　　　C. 质　　　　　D. 管

参考答案： B

※27. 全面质量管理这一概念最早在（　　）由美国质量管理专家提出。

A. 19 世纪 50 年代　　　　　B. 20 世纪 30 年代

C. 20 世纪 40 年代　　　　　D. 20 世纪 50 年代

参考答案： D

※28. 属于企业文化功能的是（　　）。

A. 整合功能　　　　　　　　B. 技术培训功能

C. 科学研究功能　　　　　　D. 社交功能

参考答案：A

※29. 无轨电车属于（   ）。

A. 普通乘用车   B. 货车   C. 客车   D. 乘用车

参考答案：C

10.2   判断题

※1. 订立劳动合同要经过要约和承诺两个阶段。（   ）

参考答案：对

※2. 合同是一种刑事法律行为。（   ）

参考答案：错

※3. 劳动法中所说的权力和义务是相互统一，互为条件的。（   ）

参考答案：对

※4. 劳动合同只要一订立即具有法律约束力，当事人必须履行劳动合同规定的义务。（   ）

参考答案：对

※5. 未成年工是指不满16周岁的劳动者。（   ）

参考答案：错

※6. 白口铸铁属于有色金属。（   ）

参考答案：错

※7. 液压传动过程中，换向阀属于方向控制阀。（   ）

参考答案：对

※8. 液压传动系统中的调压回路的作用是调节主油路的压力。（   ）

参考答案：对

※9. 液压传动系统中的减压回路主要减小主油路的压力。（   ）

参考答案：对

※10. 液压传动系统中的容积调速回路可实现无级调速。（   ）

参考答案：对

※11. 国家技术监督局负责全国产品监督管理工作。（   ）

参考答案：对

※12. 全面质量管理的基本工作方法就是 PDCA 循环法。（　　）

参考答案： 对

※13. 全面质量管理的特点可归纳为三全一多。（　　）

参考答案： 对

※14. 维修质量分析应该是定期的、有限的。（　　）

参考答案： 对

※15. 创新既不能墨守成规，也不能标新立异。（　　）

参考答案： 错

※16. 汽车最大的总质量＝整车装备质量＋最大装载质量。（　　）

参考答案： 对

※17. 牵引汽车自身不装载货物。（　　）

参考答案： 对